靳德茂　画像　靳尚谊　绘　现存东王封村史绩馆

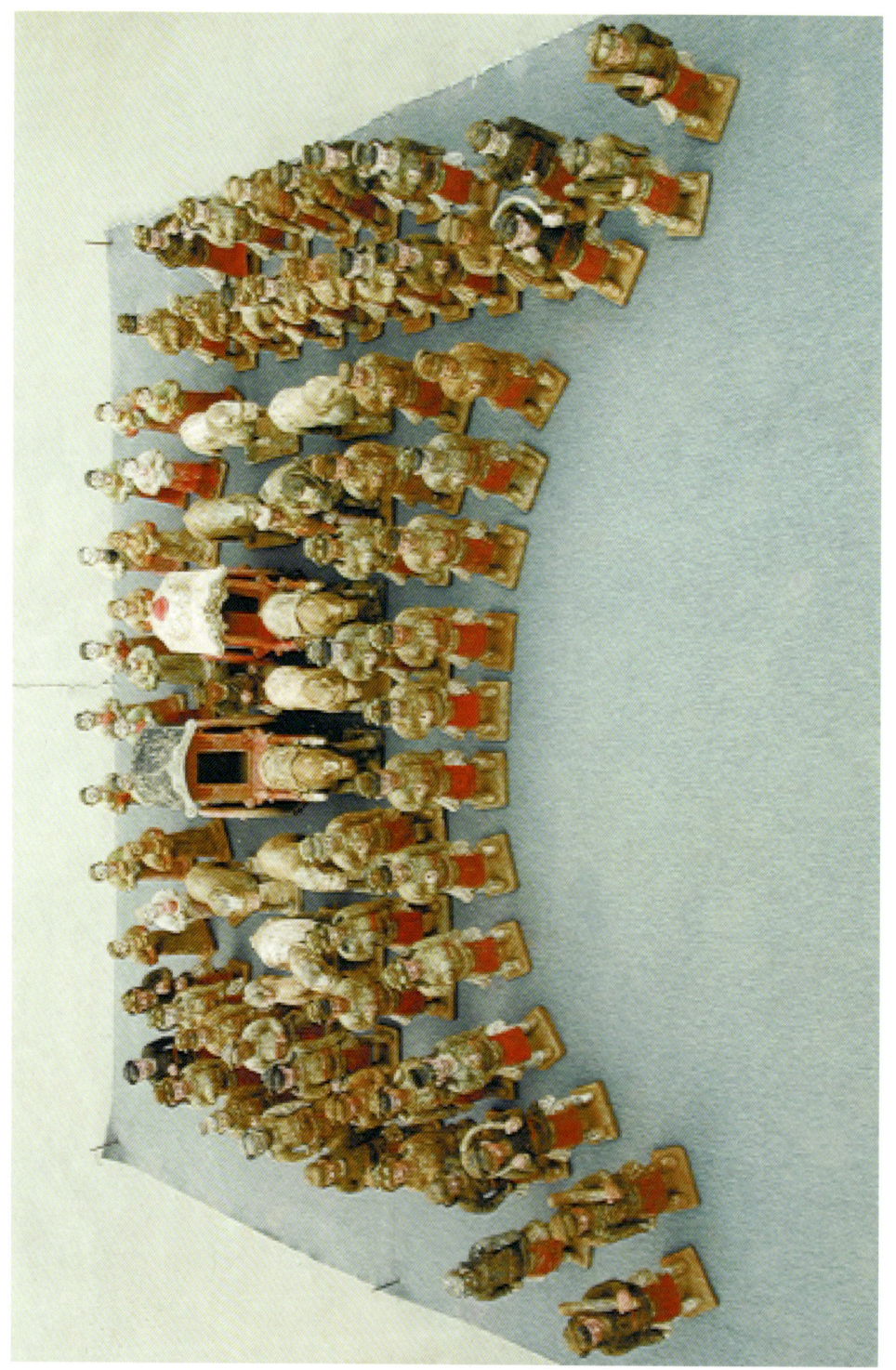

靳德茂墓葬出土车马出行仪仗彩陶俑83件

文 萃 集

（第一册）

元代御医靳德茂

张咸贞 著

中州古籍出版社

图书在版编目（CIP）数据

文萃集／张咸贞著.－郑州：中州古籍出版社，
2017.4

ISBN 978－7－5348－7056－9

Ⅰ．①文… Ⅱ．①张… Ⅲ．①地方文化－文化史－
焦作－文集 Ⅳ．①K296.13－53

中国版本图书馆 CIP 数据核字(2017)第 098896 号

出版社：	中州古籍出版社
	地址：郑州市经五路 66 号
	邮政编码：450002
发　行：	新华书店
印　刷：	焦作日报社印刷厂
开　本：	787mm×1092mm　1／16
印　张：	31.5
字　数：	532 千字
版　次：	2017 年 4 月第 1 版
印　次：	2017 年 4 月第 1 次印刷
印　数：	1—1000 套
（全四册）定　价：	141.00 元

本书如有印装质量问题，由承印厂负责调换。

序

继《许衡传》《战斗英雄王忠殿》等人物传记出版之后，娴征撰写的又一部力作《元代御医靳德茂》即将面世。该书以翔实生动的事例、通俗清新的语言，再现了先祖的人生轨迹与突出贡献，读来感人至深、肃然起敬！今人通过此书，可以了解到蒙元时期这位先贤的高尚灵魂、非凡功绩，从而懂得历史、把握当今、开创未来，在承前启后中传承先祖美德，助推社会和谐——此乃著书者的良苦用心，具有重要的历史意义和现实价值。

吾先祖靳德茂（煌），字子安，1210年3月17日（金大安二年二月二十二日）生。他自1254年被征召为藩府尚药太医之后，以精湛的医术、高尚的医德，鞍前马后为忽必烈的健康保驾护航，并随之远征大理，直到1260年忽必烈即位登基。忽必烈念及其往日功劳，擢拔为太医院副使（序正三品），直到1281年告老还乡。其间二三十个春秋他出入皇宫，除确保元世祖忽必烈健康之外，皇后阔氏、皇子、公主及朝中重臣，也都甚感其医治之恩！

元至元十八年（1281年），致仕还怀又受隆恩：封为嘉议大夫（序正三品）、怀孟路总管（亦为正三品）。还乡后的十年之中，他依旧忙着采药、出游、治病救人。

元至元二十九年（1292年）冬月初五（公历12月17日），吾先祖走完了他八十三岁的光辉人生历程，在家中寿终正寝。农历十二月二十二日（1293年1月30日），安葬于东王封村靳德茂（煌）墓园内。

吾先祖耕读行医传家，四子均为官宦、御医，两女配与世宦之家，五世同堂，享尽天伦之乐！

吾先祖之一生，正如元代名士腾安上为之祝贺八十大寿的七言律所言那样："……人生难得五全福，天下共推三达尊！""五全福"是指五世同堂；"三达尊"指的是朝廷重臣爵位高，乡里赞誉口碑好，辅世长民品格高尚！

吾靳氏后裔以先祖为荣，力争在弘扬先祖高风亮节中多做贡献，为共筑"中国梦"尽其所能！

吾靳氏一族代代弘扬先祖精神，后辈名人居多。在此书的后一部分，辑录了多位名人的主要业绩，权作对先祖恩泽的回馈与酬谢。愿我们在建设中国特色社会主义的伟大征程中，薪火相传，继往开来，把我们的国家建设得更加富强，更加美好，做出更大的贡献！

靳思亚

2015 年 5 月

作者靳思亚是靳德茂（煌）远世裔孙，东王封村靳氏族老，退休前任政协焦作市中站区委员会主席。

总 目 录

第一册　元代御医靳德茂

第二册　忠烈公张昺

第三册　打着腰鼓扭起来——北朱村舞蹈腰鼓

第四册　美丽的传说——中站民间逸闻故事

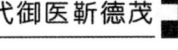

目 录

生平简介 ··· 1
出土文物 ··· 2
出生故里东王封 ······································· 3
神童声名传得远 ······································· 5
读尽典籍苦学医 ······································· 7
精益求精医学成 ······································· 9
靳德茂和许鲁斋 ······································ 11
  同被征召巧相遇 ································ 12
  皆为金莲川幕府 ································ 13
  各尽其能保朝廷 ································ 14
出入宫禁随时行 ······································ 16
太医副使似华佗 ······································ 19
医道精湛帝延年 ······································ 20
朝臣感激靳德茂 ······································ 22
靳德茂许衡情深 ······································ 24
致仕还怀受隆恩 ······································ 26
重返帝京救右丞 ······································ 27
其子仕医承父业 ······································ 29
回返故里天伦乐 ······································ 30
八秩庆寿乐融融 ······································ 32
八十三岁驾鹤西 ······································ 34
家乡特产与车马 ······································ 36
  附录一 ·· 38
  附录二 ·· 39
  附录三 ·· 39

附录四··40
靳德茂先生年谱··42
靳德茂后裔群英荟萃··43
　　民族实业家靳法蕙··43
　　靳氏名人三兄弟··46
　　　　坚贞不屈靳思弼······································47
　　　　文化名人金紫光······································49
　　　　军旅记者靳思彤······································53
　　名老中医靳思信··54
　　人民公仆靳思亚··57
　　画坛巨匠靳尚谊··68
　　　　老来作画不为钱······································70
　　　　拜访靳尚谊··74
　　　　靳尚谊回乡探亲······································76
　　高级教师靳尚诚··80
　　武林魁首靳尚超··81
　　军界元老靳尚江··82
　　军委嘉奖靳尚淮··83
　　经济泰斗靳海涛··84
　　播撒文明靳古恩··85
　　超群拔萃靳克田··88
　　焦作的音乐世家··90
后　　记···92

生 平 简 介

靳德茂，别名煌，字子安。祖籍山西曲沃，父辈起移居怀孟路河内县清期上乡王封里定居。金大安二年（1210年）二月二十二日（公历3月17日）出生。自幼聪敏好学，稍长潜心医学，并以此为业。蒙古蒙哥汗四年（1254年）被征召秦中，为忽必烈藩邸尚药太医。之后，扈从忽必烈平定大理。至元中统元年（1260年），忽必烈在开平即位，因念及往日功劳，提拔其为太医院副使（正三品）。他出入禁闼近三十载，行医一生，治好病人无计其数。

靳德茂较许衡年小一岁，他们既是同龄人、河内县同乡，又同朝为官，还是关系甚密的挚友。到了老年，竟又成了老亲家。

靳德茂在朝为医官近30年，为皇上的健康立下了汗马功劳。至元十八年（1281年），71岁的他因年迈请求致仕还怀。忽必烈封其为嘉议大夫、怀孟路总管（序正三品），以示优隆。他在故乡度过了11年的悠闲生活。元至元二十九年（1292年）冬月壬子日（初五，公历12月17日）寿终正寝，走完了他治病救人、普度众生的83年人生历程。

夫人秦氏，在靳德茂之前去世。共有四子：长子靳起，任从五品威州知州（今河北邢台市威县）。次子靳植，继承父亲医术为太医。三儿子靳荣，任正三品卫辉路（辖今新乡等市县一带地区）总管。四子靳常，任从七品睢州（今河南商丘睢县）判官。侧室夫人生有两女。靳德茂有十四个孙子，全都以读书为要务。

农历十二月二十二日（1293年1月30日），靳德茂被安葬在河内县清期上乡王封里的墓地（即今东王封村靳家祖坟靳煌墓园）。夫人秦氏，也按照礼数要求合葬在一起。

出 土 文 物

2007年5月16日，靳氏后裔动迁祖坟时，在靳德茂（煌）墓道内发现元代重要文物。后经文物部门发掘，83件元代珍贵文物惊现于世，除3件为元代瓷罐外，其他80件为彩绘车马及人物俑，组成了庞大出行仪仗方队。两辆彩陶马车的车辕顶端，饰有银螭头。

2008年6月14日，靳德茂墓被河南省公布为"省级文物保护单位"。彩陶俑、车马仪仗队等出土文物，现珍藏于焦作市博物馆内。

出生故里东王封

元代忽必烈御医、太医院副使靳德茂（煌），金大安二年（1210年）二月二十二日（公历3月17日），在怀庆府河内县清期上乡王封里一位名医家里出生。这个男婴呱呱坠地，就面色红润，眉清目秀，为家里增添了喜悦气氛。他的母亲秦氏，见孩子如此貌相，早把妊娠生育之苦丢到了九霄云外，乐得简直合不拢嘴。

怀庆府，自元代设置，府治河内县，辖境大致相当于今河南省焦作市大部地域。春秋战国时，河内为魏国领地；汉高祖即位时设置殷国，次年改名为河内郡，位于太行山东南、黄河以北，与河东郡、河南郡合称为三河。

河内郡治所在怀县（今武陟西南），辖境相当于今河南黄河以北，京广铁路以西以及卫辉一带。西晋移至野王（今沁阳），辖境渐小。隋开皇初废，大业及唐天宝、至德时，又曾改怀州为河内郡。隋开皇十六年（596年），隋朝又将野王县改为河内县。此县历为河内郡、怀州、怀庆路、怀庆府所治。

用今天的话说，靳德茂的出生地焦作，位于河南省西北部的太行山南麓，地处东经112°43′31″～113°38′35″和北纬34°49′03″～35°29′45″之间；北与山西省晋城市接壤，南部与郑州隔黄河相望；东、西分别与新乡市和洛阳毗邻。东西长102.05公里，南北宽75.43公里，总面积达4071平方公里，其中，东王封属于中心城区，面积大约424平方公里。此村距离焦作市政府驻地，只有10多公里远。

靳德茂的家乡东王封地处太行山脉与豫北平原过渡地带。地貌由平原与山区两大基本结构单元构成。地势由西北向东南倾斜，由北向南渐低。从北部山区到南部平原呈阶梯式变化，层次分明。其地在太行山南麓的丘陵地带，今属焦作市中站区管辖。

中站区位于河南省焦作市区西部，厚重的历史文化，积淀得人杰地灵，英贤辈出——靳德茂便是其中的一位。

靳德茂的故里东王封村，村名的由来十分有趣。

有关王封村名的来源版本不一：一种传说，唐代文学家韩愈的22代裔孙韩天数，由山西洪洞县大槐树村迁来。因当时此地无名，仅有一座龙泉寺庙和一座名字叫"汪坟"的墓地，人居此地后，起村名为"汪坟村"，逐渐变音字为"王封村"。另一传说，某朝代有一位万王封地到此，现东王封村南仍有一座"万王墓冢"为证，所以称之为"王公地"，故名为"王封村"。据多方考证，后一传说较为确切。在古代时，君王有封诸侯为某地王者之典。

此地物产丰富。据史料记载：宋元时期已有东王封村；元代此地已有管理硫磺矿的机构。据清代《河内县志》所载：在明代时，此地已有硫磺与煤炭的开采。

关于东、西王封之分，相传，原居王封的韩姓是靳家的雇工，后因姓韩人口渐盛，便在王封的西边，创建了村庄客舍，取名为"西王封"。这是后话。

不管如何传说，可以肯定地说：东王封历史悠久，村民以勤劳善良的华夏美德著称。靳德茂于斯地出生，实在是得天独厚。

神童声名传得远

靳德茂出生于名医家庭。其父亲靳汝楫，是方圆百里有名的医生。人们一般的小病小灾，他都能药到病除。并且，他擅长中药调理，治好了不计其数的疑难杂症。谁要是有个风寒着凉，他让喝个小偏方、不需要花钱就能治愈。他体恤穷人，经常免除诊费、施舍药物治病救人。乡里传说：靳先生医道高明、医德高尚，人们因之甚是敬佩，称他是一方百姓的健康保护神！

生长在这样的家庭里，靳德茂自然是近水楼台先得月，加上幼时聪敏好学，喜欢读书，更为这个家庭锦上添花。但是，他生逢乱世，蒙学的教材不多。然而，他偏偏整天吵着要写字、读书。

他的读书爱好，正应了父亲"望子成才"的愿望，靳汝楫心中自是欢喜不尽，想方设法满足他的读书要求。

靳德茂年龄稍长，他的父亲抽空就将那黄茅草纸割成小块块，用毛笔写上常用的汉字，一有时间就教他认读、学着书写。这可以说是他的享受——父亲行医很忙，有时候还得出诊，顾不上教他。因为他的好学，也闹出了不少笑话。

靳德茂5岁那年，看到父亲书柜里、医案上，甚至床头的枕头边到处都是书，实在想读，于是，就捧起一本来看。只要拿起书来，他一看就是好长时间。但是，书上的字太多了，他只认得一小点儿。他就仔细地挑着读，专拣那些认识的字读。有时，那些陪着病人的人们，见他像大人似的认真专心，忍不住近前看个究竟。不看不知道，一看真可笑：五六岁的顽童，竟然读的是医书！有时，他的父亲出诊回来，看到他这般读书，就悄悄叫夫人来看，观者都忍不住"哈哈"大笑：看那样子还挺像回事儿的！更多的时候，病家随父亲前来抓药，他由于看书专注而浑然不知。病家看他那么专注，都夸他："从小看大，长大必有大过人之处！"当看到他只有医书可读时，病人家属说："下次来时，会带些《三字经》《百家姓》《千字文》等蒙学读物。"

自打那时候起，家属陪同病人看病时，不断带给他读物，他简直如获至宝般欣喜！首先谢过人家，然后就迫不及待读起来。这些蒙学教材，他读几遍就背得滚瓜烂熟；人们都夸他过目不忘，说他是"奇才"！

他酷爱学习，也很懂事，从不耽误"正事"，凡是见到父亲与人诊病或是抓药，他都从来不作声。有的时候，他甚至故意躲到院子里去玩儿。但是，他从小就是一副火热心肠，乐于助人。

有时，他正在院子里玩，病家抓药者认不出处方上的字，当三番两次问及抓药者还记不住时，他就会在院子里大声喊出这个字的音来，令大人们忍俊不禁！

有时，看病的人多，跟随其父学医的徒弟药抓不过来，病家不断催促。他父亲会安慰："别催，抓药忌讳忙乱——施药人命关天！"他听到就会跑到父亲的徒弟跟前："师兄，您只管抓，我来分药！"师兄感动，病家感激，父亲心疼。

长到七八岁上，他经常趁黄昏跟父亲或是师兄认识药橱、药材。十来岁上，抓药人多时，他就能帮着抓药。病家都夸他"懂事"！

还有更加懂事的呢：有时来了急诊病人，他帮着端来温开水让病人及时服药；有时，他会主动拿来热手巾，亲为病人敷上额头……

这样的事多了，人们都称他"神童"！渐渐地名声越传越远，都说他："从小就这么好学、懂事、热心肠，长大了肯定会更加出类拔萃！"

读尽典籍苦学医

靳德茂自幼受父亲熏陶，特别爱读医药著作，尤其是名著。他是这样想的：华夏是历史文明古邦，中医的四大名著既是中国人的经典，也是中国传统医学的源泉。自己是中国人，祖上素以名医著称，自己就更应该扎扎实实地学好中医、中药名著，特别是中医四大名著《黄帝内经》《伤寒论》《金匮要略》和《甲乙经》的有关知识。虽然当时世乱无书，但他的父亲医书齐全。即使是在父亲的书橱、书案、床头找不到的，他也会通过父亲借、找得到。

他晓得《黄帝内经》是我国秦汉之前最早的医书，简称《内经》。由于年代久远、参与人多，集大成作者只得托黄帝及其臣子岐伯、雷公、鬼臾区、伯高等之名论医集萃。对于《黄帝内经》中的《灵枢》《素问》两部分的各81篇，他读了整整3年。

他勤学好问，善于思考。一天，他请教父亲："《黄帝内经》就这么多、这么精辟！有《黄帝外经》吗？"

他的父亲含笑搬出了一大摞书：《黄帝外经》《白氏内经》《白氏外经》《扁鹊内经》《扁鹊外经》和《旁篇》等。这些都是我国最早的医学著作。哇，他惊奇了：原来，我国医学竟是这么博大精深！为了尽快读完这些医书，他废寝忘食地奋读：起五更、搭黄昏，睡前还手不释卷。有时母亲唤他吃饭，他看书正在兴头上，或是一个章节没有读完，总是坐着舍不得起来……又用了3年时间，他读完了这些医学宝典。读书中记下不懂之处，一有时间就请教父亲。其父不愧为当地医学泰斗，所问之处无不作答。他感到自己很是幸运，生在了博古晓今的名医家里！

时间过得真快，孜孜不倦奋读不觉又是3年。他又精读了秦越人的《难经》、钱乙的《小儿药证直诀》、王淑和的《脉经》、孙思邈的《千金要方》和《千金翼方》等。饱读了我国历代的著名中医学著作之后，正如古人所说的"学而知困"那样，反而觉得自己才能够算得是个初涉学者，仅书本知识而言，还是欠缺得很。

他认为：中医经典在我国中医发展史上起了重要作用，对现世中医都有着巨大的指导作用、研究价值。至于《难经》，原名为《黄帝八十一难经》，是古代医学著作之一。他想到了战国时秦越人扁鹊的不易：大抵是其在行医过程中的难题及其解开的亲身体会，所以，才会以问答、解释疑难的形式编撰成书。书中讨论了81个问题，故又称作《八十一难》。此书以基础理论为主，并结合之分析了一些病症，详尽而又全面。其中，一至二十二难为脉学，二十三至二十九难为经络，三十至四十七难为脏腑，四十八至六十一难为疾病，六十二至六十八为腧穴，六十九至八十一难为穴位、针法。他越学越是入迷，越学越是兴趣十足！仅是学习笔记、心得，就记录了厚厚的一大摞！

徜徉医学殿堂之中，他为自己特别钟爱的医学事业汲取着丰富的营养。

精益求精医学成

靳德茂饱览了上述名著之后,已经是16岁的翩翩少年,需要接触实际摔打磨练。父亲先让他背药名歌。为了尽快背会、背熟,他起早贪黑地背诵。一天,其母早起做饭,听到靳德茂在自己的房间里唱歌,很是纳闷儿。仔细听来,竟是:

正月红娘上重楼,柽柳出芽牡丹苏;寄奴牵牛耕熟地,种下瞿麦与藜芦。
二月桑枝结寄生,白头翁拄虎杖行;踏碎地丁与紫草,还防滑石与钩藤。
三月红花满常山,将军重游羚角涧;猴姜依然叮赭石,蛤蚧齐鸣使君前。
四月芍药开银花,徐长卿寻鹤草芽;三七来到陌生地,茜草丛中得儿茶。
五月半夏菖蒲香,艾叶雄黄庆端阳;白蛇义盗灵芝草,没药怎救合欢郎。
六月荷叶遮浮萍,采下莲子去莲心;苏子泛舟寻藕节,巧得珍珠沉香琴。
七月西瓜绿豆凉,渴饮沙参麦冬汤;戏数南星蛇床卧,天丁十万千里光。
八月官桂降真香,龙眼圆圆丝瓜长;知母喜爱千金子,献上人参与饴糖。
九月菊花满地黄,如穿山甲战锁阳;茱萸遍插千年健,怀山登高甘松旁。
十月丹参一点红,百草霜打天门冬;龟胶鹿茸能补温,故纸糊窗可防风。
葭月葱蒜韭菜青,补肾胡桃益智仁;蜜醋姜枣为丸服,白发变成首乌人。
腊月梅花忍冬放,蜈蚣蝎子入洞藏;羊肉下酒对冰片,国老吟诗百部长。

这正是门里出身,自会三分。其母听着他自己谱写的《十二月药名歌》,想着儿子将来一定不会比他爹差,心里不知有多甜蜜!

药名背诵得流利透熟之后,父亲又让他熟悉药橱、药斗,帮着抓药。他很是认真,从未抓错过。早晚和闲暇之际,他还分类背诵《汤头歌》,很是专心。有时父母喊他,他竟下意识地以汤头歌作答。父母笑他,更是心疼他,劝他注意休息。

靳德茂整天忙着,学习、施药两不误。时间荏苒,不觉又过了3年,他已经长成了19岁的英俊青年。20岁时,父亲正式带他坐诊、出诊,开始了他的治病救人生涯。

白天的诊室里，父亲坐在医案后，他坐在侧边。父亲诊病后，他根据父亲的诊断开方，一般都很确切。父亲行医态度严谨，他每开完方子，父亲都要详细看上几遍。他很是专心，从未有过闪失。因为他牢记了父亲的教导："人命关天，一定要慎之又慎！"

　　夜里经常会有急诊，每次他都比父亲起得快，先开门、接诊，父亲紧接着察言观色、望闻问切，然后由靳德茂开出药方。父亲仔细看过后交他抓药。如此这般，对于及时抢救病人赢得了时间，病家都很感激他们父子。

　　在他跟父亲学医的日子里，从未有过丁点儿过失。后来，父亲年纪大了，夜里急诊就交给了他，都能药到病除。转眼间两年时间已经过去，他已经成了不逊色于父亲的郎中。所以，病家上门，无论他们父子谁瞧病都行——他步入了名医行列！

　　他也像父亲那样：看病下药一丝不苟；具体情况具体对待。有些病人体质特殊、病症较杂，他就采取"韩信用兵——多多益善"的办法，三两个汤头合用；有的病人阳盛或是阴衰，他就活学活用地增减药量……他把自己的多年所学，都运用得恰到好处。

　　他在行医中不断摸索着前进。有时，为了试验药效，他还亲自煎服。有些疮口的用药，他都要多番摸索，小心谨慎用药。功夫不负有心人，怀府八县父子名医闻名，慕名上门求医者日众。

靳德茂和许鲁斋

靳德茂与鲁斋先生许衡是同乡，但在公元 1254 年之前并不认识。然而，随着忽必烈的征召，他们走到了一起。渐渐地，他们竟都成了忽必烈的肱股之臣。此事还得从头说起——

许衡者，字仲平，号鲁斋。因其父许通避乱逃难，于金泰安八年（1208年）寓居黄河南岸的新郑阳缓里。翌年的金大安元年（1209 年）许衡出生。如此说来，靳德茂与许衡是天南地北，无从认知。其实，许衡的祖籍在河内县沁北村，他 50 多岁时才定居李封村，距离靳德茂故里的东王封只有两三里路程，可以说是近老乡。两人又同朝为官多年，成了同僚。因为同为高尚君子，见地不谋而合，又成了挚友。到了晚年，竟成了老亲翁。元至元十八年（1281 年），靳德茂获悉许衡病重后，专程赶回来看望。农历三月十二日，73 岁的许衡与世长辞。弱他一岁的靳德茂，又亲往吊唁。他们二人的相识、相知，说来还真是有缘。

许衡和靳德茂是同时代人，皆是生逢世乱，书与师都奇缺。然而，他们却创造了学术、医术的奇迹！许衡自学成为博学多才的一代通儒，是我国 13 世纪杰出的理学宗师、思想家、教育家，并对天文历法、医学针灸、语言通俗化等诸多方面贡献突出；在文学、诗词、易学等方面造诣匪浅。他曾任蒙元时期京兆提学，元代中书左丞、集贤大学士、国子祭酒，教领太史院事。参与了元朝廷的定朝仪、立官制，创办了国学，领导研制成功精确度领先世界的《授时历》，并颁行于天下。许衡的一生经历非凡，贡献颇丰。

靳德茂早在被忽必烈征召之前，就是享誉家乡周边的一代名医。

他们都是因为名声在外，才被求贤若渴的忽必烈征召效力。这两位同乡，惬意、温馨地相处了几十年。他们的故事高雅有趣、耐人寻味。让我们打开历史的画卷，去探索口碑相传的佳话吧——

同被征召巧相逢

蒙古建元之前的蒙哥汗元年（1251年），蒙古贵族推举托雷之子蒙哥为大汗。蒙哥派皇弟忽必烈总治漠南，开府于金莲川（今内蒙古正蓝旗闪电河沿岸）。

忽必烈全名孛儿只斤·忽必烈，出生于公元1215年9月23日，是蒙古帝国成吉思汗孛儿只斤·铁木真之孙，监国孛儿只斤·拖雷第四子，孛儿只斤·蒙哥之弟。公元1260年自称蒙古帝国可汗，汗号"薛禅可汗"，但未获普遍承认。1271年建立元朝，成为元朝首位皇帝，庙号世祖，谥号圣德神功文武皇帝。

蒙古蒙哥汗四年（1254年），忽必烈征大理胜利回归秦中，于京兆分地（古都西安及其附近地区的古称）广纳贤才，并于京兆分地设宣抚司，以廉希宪为宣抚使。

当时的许衡，已在大名府设馆授徒数年，以博学多才和善教而远近闻名。靳德茂也早已是享誉远近的名医。二人皆被征召赴秦，许衡任京兆教授，教化秦人；靳德茂是御医，为忽必烈的保健医师。

但是，当使臣慕名赶往大名时，许衡闻讯躲到了辉州（今辉县市）百泉湖畔的太极书院。使臣又找到了辉州，携许衡回返秦中。

一日，当他们行至怀庆府河内县（今焦作市辖沁阳市）时天色已晚，住宿在悦来旅馆里。真是无巧不成书——正好与靳德茂同住一室。晚饭后，当许衡说出"想顺便回祖籍沁北村看看"时，引发了靳德茂的兴趣——明明说的是"河南"（泛指黄河以南地区）话，却偏说"祖籍沁北村"！使臣出去之后，靳德茂细问端详，许衡道出了曲折离奇而又苦难的家族史。靳德茂为医心慈，非常同情许衡身世。两人真是有缘，那晚，他们聊了大半夜，说话十分投机。但是，当得知许衡对赴任心里很不情愿时，靳德茂便解劝："大丈夫应立于天地之间，检验自身能力，造福社会、民众。"二人的思路又融汇到了一处。话语之中，他们彼此留下了光明磊落、正人君子的印象——真有些相见恨晚之意。

翌晨，许衡的请求得到了允准，与靳德茂同游了自己的祖籍。许衡本来心情不佳，遇到了君子靳德茂入情入理的解劝，心情渐渐好了起来。那日的同游，双方都如同是几十年的知音与旧友。他们在同赴秦中路上，关系又近了一层——同乡与朋友，这就是缘分！

皆为金莲川幕府

前面说过：早在蒙古蒙哥汗元年（1251年），忽必烈在登基之前，征召的心腹旧臣，称之为"金莲川幕府"。

同年，忽必烈受命总领漠南汉地军国庶事，"大有为于天下"，一展鸿鹄之志雄韬伟略，热心学习汉文化。他曾先后召僧海云（宋印简）、僧子聪（刘秉忠）、王鹗、元好问、张德辉、张文谦、窦默等，问以儒学治道。先后任用汉人儒士整饬邢州吏治；立经略司于汴梁，整顿河南军政；屯田唐、邓等州。

蒙哥汗四年（1254年），忽必烈率蒙古军攻云南，四年灭大理国。九年，攻打南宋鄂州（今湖北武昌）时，得知蒙哥汗死讯，决策北还，争夺帝位。十年，在开平（今内蒙古正蓝旗东）称汗，始建年号中统。其幼弟阿里不哥也在和林（今蒙古鄂尔浑河上游东岸哈尔和林）称汗。至元元年（1264年），忽必烈打败阿里不哥，后迁都燕京（今北京），改称大都。至元八年（1271年）定国号为元。至元十六年（1279年）灭南宋，统一全国，正式建立元朝。紧接着，又乘胜进攻日本、安南、占城、爪哇等国。忽必烈不仅运筹帷幄，更是非常注重选用人才、采用汉法和建立各项政治制度。在地方建立行省，开创我国行省制之端。劝课农桑，兴修水利，发展生产。加强对边疆地区的管理，开辟中外交通，巩固和发展多民族国家。其广罗人才，尊重汉族儒臣的举措——特别是组成金莲川府幕，为其江山的取得立下了汗马功劳。因其初继汗位的那片山川里，到处长满了金莲花，所以，便将藩府旧臣称之为金莲川幕府。

忽必烈汗与幼弟阿里不哥争夺汗位斗争虽然获胜，但西北的四大汗国却因他违背大汗选举传统、"行汉法"，而纷纷与之断绝了来往，脱离了他的统治范围。至此，忽必烈的政权只包括中原地区、西藏和蒙古本土。

忽必烈可以说是一位高瞻远瞩的政治家。正如前文所说：他不仅要当蒙古的汗王，更想当华夏大地的九五之尊。所以，早在秦中藩邸时，就已经着手招贤纳士。许衡与靳德茂皆为应征之列。

许衡、靳德茂于公元1254年到了秦中之后，各显其能地为忽必烈效力。当年，46岁的许衡奉命任京兆教授。后因教化秦人成效显著，于翌年二月升任为京兆提学（秦中地区最高教育长官）。

靳德茂年弱许衡1岁，因精通医学当了忽必烈身边的尚药太医。当时，忽必烈正处在打江山时期，每天废寝忘食、日理万机，不断生出些病灾。但是，他身边的臣工们却没有留意，倒是靳太医医道精湛，及时发现了他的病情，并对症调理、治疗，使得他能够正常料理政事。

靳、许二人都很忙碌，平时难得一见。

许衡苦心教化，可以说是殚精竭虑、夜以继日。秦人由于长期遭受兵燹之苦而缺乏教化，孩子们更是学业荒废。忽必烈将秦中治理得社会稳定、经济好转之后，亟待解决教化启蒙问题。真是"百废待兴"，教育为首。许衡除了正常地制定有关政令之外，不是在雁塔讲授井田之治，就是到下边督察学务，晚上还挑灯夜战编写教案。那时写成的系统启蒙教材《小学大义》，就是他亲自授课的启蒙教材。

尚药太医靳德茂，更是忙得不亦乐乎。他不光要为忽必烈的健康尽心尽力，还要为五位阙氏、嫔妃们随时诊治疾病；甚至是那些侍卫首领等的头头脑脑们突然病倒，都会受到忽必烈的"恩赐"，请靳德茂给诊治。他医德高尚，火热心肠，救死扶伤，有病必医。所以，五更黄昏常被唤起；有时刚走到餐桌前，就会传他"急诊"。他没有属于自己正常的饮食起居生活秩序，没日没夜地为皇室及重臣们忙碌着。

尽管二人生活节奏如此紧张，有时在朝上谋面，也只能用目传神，笑作招呼而已，但是每月他们尽可能聚一次，说说老乡之间的心腹之语。有时心里纠结，则是互相劝慰，出主意、想办法解决具体问题、排忧解难：真是心有灵犀一点通！这对挚友同为忽必烈打江山时的藩府旧臣金莲川幕府，尽心竭力地奉献着各自的聪明才智。

各尽其能保朝廷

靳德茂和许衡皆是元初贤能之臣，两人对蒙元朝廷的赤胆忠心自不必说。

两人自打关中分手后，许衡还怀教授生徒；靳德茂随忽必烈南征大理，鞍前马后为主人健康保驾护航。公元1260年，忽必烈征大理胜利而归，三月，即位于开平，曰元世祖，中统始元。那年许衡52岁，奉召乘驿北上，自此开始了宦海生涯，任职中书左丞，力荐汉法，为巩固蒙元统治出谋划策。

当时，西北四大藩王的后王们发难朝廷，意欲造反，是许衡及时上疏的《事务五事》政治炮弹，震慑得西北众后王偃旗息鼓，息事宁人，臣服朝廷。之后，他又参与了定朝仪、立官制、举国学、育栋梁，老年还教领太史院事、研制成功《授时历》，并颁行于天下。其勤劳一生殚精竭虑，功勋卓著。

作为太医院副使的靳德茂，因建元之后体系逐渐完备，朝臣、嫔妃逐日增多而更是忙碌。建元开创了靳德茂医学的新时代。他在用中药调理的同时，将丹散丸药尽量糕点化，增加患者口感——尤其是儿童的这类药物。即便是成年人，也提倡用食疗、加强身体锻炼、提高身体素质。与此同时，他还很重视针灸、拔罐、艾灸、按摩、点穴，将中医药治疗发展到了空前水平……

靳德茂和许衡两人，一个从政，将满腹经纶用于国家的稳定，民族的团结，科技、教育事业的极大发展，培养出了一代国家栋梁。

靳德茂呢，把医学事业发展到了巅峰……

这两位英贤，为蒙元朝廷忠心效力、各尽其能，流芳百世千古永垂！

出入宫禁随时行

蒙古以铁蹄占领、统治汉地，府邸、宫廷防卫森严。如需入内，得有八巴思汉文腰牌。靳德茂因为经常出入皇宫禁地，所以他有八巴思汉文腰牌。

忽必烈是个大家族，后宫嫔妃多达500人。以察必皇后为首有正妻孛儿帖、次妻忽兰（蔑儿乞部长女）、也遂及其胞妹和也速该（塔塔儿部女）等四位。她们可以享受靳副使的诊治。除此之外，后宫的那些黄、白、黑、棕种皮肤的极品美女宠妃们有病有灾的，也都需要靳御医诊治。

忽必烈有10位皇子，长子朵儿只自幼体弱多病；次子真金也是身体羸弱。两个大的儿子都是这样，察必皇后未免胆怯。因此，对于从三、四、五、六子忙哥剌、那木罕、忽哥赤和爱牙赤尤为小心，小病大灾都要靳御医诊治。不说别的，仅是上述这些，就够靳御医忙的。这些人居非一处，靳御医每日忙似穿梭，指不定何时就得应召。尤其是夜间，睡得正香时突被叫醒，慌里慌张地穿戴好就走，忘了带上腰牌时有发生。忽必烈闻讯后下了一道圣旨：免查靳御医腰牌，随时都可以出入宫禁！自此，不论何时入宫，他都不用再带腰牌。

忽必烈之长子朵儿只，大约生于公元1240年，因自幼体弱多病早逝。靳德茂初被征召秦中时，他就早已不在人世。忽必烈受汉家儒学思想熏陶，视次子真金为皇长子。

真金者，生于公元1243年，卒于1285年，可以说是英年早逝。他是忽必烈第二子，母察必，即昭睿顺圣皇后。蒙古贵族为何会取这种名字？是因为真金出生时，适禅僧海云在漠北，就为他取了个汉名。

因为失去了长子，忽必烈非常注重真金。可喜的是真金身体还行，且又聪敏爱学。忽必烈视真金为蒙元帝国的未来。加之忽必烈也喜读儒学之著，所以让真金师事王珣、姚枢、窦默、许衡等汉儒学大师。稍长，即封燕王，兼任中书令。至元十年真金被册立为皇太子。

当时的朝廷大臣们，因政见不合而明显分为"汉法派"和"理财派"。汉法派以廉希宪、许衡等为首。时任中书平章政事的阿合马结党、擅权，真金极为痛恨，阿合马也非常惧怕他。真金礼贤汉儒，主张蒙古贵族子弟学汉文化；为政主张减轻赋役、清廉节俭。他的这些善举，深受"汉法派"大臣拥戴。当时，江西行省进献岁课羡余钞四十七万，他怒斥道："百姓安，钱粮何患不足，百姓不安，钱粮虽多，安能自奉乎。"但因忽必烈袒护阿合马，为的是让其多敛财。随着年龄的增长，真金越来越与其父政见不合，因心情郁结而常常失眠。特别是"假太子"党王著猛抽袖中铜锤，突袭阿合马脑浆迸裂之后，又拉大了忽必烈父子间的距离。真金整日郁郁寡欢，精力日渐不支。忽必烈不去检讨自己的横征敛财过失，却一味要靳御医诊治。

靳德茂每次去东宫为太子诊病，都要先解劝、宽慰一番。真金闻言点头称是，心情就会豁然开朗，随之精神就好了起来。忽必烈看到真金病体好转，欣喜地赏赐靳德茂，并且，不断夸赞他医术高明。但是，真金的心结打不开，又随着"汉法派"老臣廉希宪、王珣的离世，心情更加郁闷。忽必烈只是让靳御医给诊治，不曾想到"心病难医"。尽管靳御医使尽全身解数，真金还是精神忧郁。真金在弥留之际，还喊着"靳德茂御医"。元至元二十二年（1285年）太子真金病逝。忽必烈痛心疾首地说："靳爱卿，还是应该感谢您的——要不是这么尽心尽力地诊治，他是撑不了这么长时间的！正所谓：医生救得了病，救不了命啊！"靳御医惋惜地说："你们父子如若政见相同，太子殿下或许久长！"元朝太子真金去世，忽必烈愧疚，按照嫡长子继位的传统观念，只好把希望寄托在真金之子铁穆耳身上。自此，忽必烈更加看重靳德茂。他的纯金腰牌，已经成了久置不用的"古董"。

一次，奶娘没有看好七皇子孛儿只斤·奥都赤。他自玩"小麻雀"久了捋不下来，憋着一泡尿解不出，只喊肚子疼。眼看夜幕降临，他不吃不睡吵闹。靳御医闻讯及时赶到，要了香油润滑，慢慢将包皮放了下来。刚回到居所，又闻皇八子孛儿只斤·阔阔出突犯惊厥，随即返回宫内，取出银针在人中、合谷穴针灸，立马就苏醒了过来。 皇九子孛儿只斤·脱欢风寒着凉容易发烧，咳嗽、闷气是常事。只要他的药到，十天半月就能康复。皇十子孛儿只斤·忽都鲁帖木儿打小就体弱，不仅挑食，还容易食滞。他叮嘱：隔一段时间就让吃些二丑粉炒鸡蛋，和胃开滞；还配置了保赤散当做饭药。对于病人，靳御医历来用的是既治标、又治本的疗法，而非头疼医头、脚疼医脚。

对忽必烈的女儿们，靳御医也不敢掉以轻心。长公主月烈自幼爱生气、流泪，得了气类疙瘩、老鼠疮。用今天的话说是淋巴结核、淋巴癌，病情挺严重的。忽必烈很是宠爱，愁得不行。除了正常的用药外，靳德茂还把中药木鳖子研成粉，将鸡蛋顶端打开个小口，装入木鳖子粉，用事先和好的面先封住口，然后再外包一层，丢入木柴火堆中烧烤，熟后取出，待温热时去面剥壳，配温开水服用，20天一个疗程。这种土验单方有疗效，但很苦、副作用大，吃时难以下咽，服后小便不利。月烈不愿意吃。他就耐心劝导："这么漂亮的容貌，流着脓水还有臭味不说，久了就会如同老鼠打洞似的疙瘩摞疙瘩，疮口连疮口，再要发展，不可想象……"直说得月烈要吃，并坚持了下去。如此用了两个疗程之后，月烈痊愈。公主吾鲁真·茶伦打小爱抠指甲、玩泥巴，甲沟红肿疼痒。他就用白凤仙花捣了明矾，包在指甲部位，不久红肿消失。他还为不爱吃果蔬的公主囊家真配制了冰硼散，外敷治疗唇腭溃烂；为忽都鲁坚迷失公主泡制大枣、枸杞茶明目提神……出入宫禁免去了腰牌，为他赢得了急救病患的时间。

太医副使似华佗

元代太医院是国家最高医药卫生管理机构,总领天下医政,分口设官,形成超越前代的十分严密的医官制度。元代太医院的主要特征有三:一为品秩极高,这在中国封建社会是空前绝后的。其二是无所统属。至元五年,一度沿用金朝制度隶属宣徽院。至元二十五年,又脱离宣徽院,重新成为"无所于统"的独立机构。其三为长官数多。大德五年,取消提点一职,以院使为长官。后此职员额不断增加,最终定为12员。此为后话。

元代统治者对医学管理相当重视,医学制度较严密,机构扩大,并大幅度提高医官的品阶及其地位。太医院之品级提高到正二品,内有院使、同知、金院、同金、院判、经历、都事、照磨等,官阶正二品至正八品,另设令史、译史、知印、通史、宣使等职。

靳德茂之所以能够跟随忽必烈帝27年之久,主要是因为医道精湛、医德高尚。

其除诊病司药之外,还兼用针灸、按摩、拔罐和奇妙土单验方。忽必烈记得:征大理时,他这个北方人因不服云南水土患上了湿热症。靳御医除了按时给他煎服中药外,还给用艾叶、红花水泡脚。云南蚊虫多,忽必烈身上满是被叮的疙瘩。他就将薄荷榨成汁,涂抹于患处祛除湿气。既消了痒症,还因味道特冲而避蚊蝇。有一次,阆氏腹泻不止,药物治疗见效太慢。靳御医就配制了枸杞、山药、红糖汤,服下后半天就见效果。哪个王子惊风食厥,他选中穴位,针到病除……所有这些,都令忽必烈赞叹。

皇宫禁军久闻靳御医大名,每逢他上下朝都脱帽恭拜,他必然躬身还礼。一禁军口腔溃烂久治不愈,他就给配制了麝香冰硼散,敷用后果然见效。谁要是伤风感冒,小药几服就能病除……

他平易谦和的热心肠,朝野上下赞声不绝:"靳御医德医双馨,简直就是华佗再世!"

医道精湛帝延年

全国统一之后，忽必烈的保守、嗜利和黩武等消极因素都有了发展。他重用阿合马。阿合马从中统初便主管中央财政，多方搜刮，权势日重。后阿合马独擅朝政。至元十九年，大都发生了王著、高和尚刺杀阿合马事件。此后，忽必烈又先后任卢世荣、桑哥专理财政，都以失败而告终。同期，忽必烈接连派遣军队远征日本、安南、占城、缅甸与爪哇，都遭到失败。但抗击海都、笃哇等西北诸王的侵扰和平服东北诸王乃颜叛乱，具有一定的积极作用。至元三十一年，忽必烈病逝，年近80岁。葬漠北起辇谷（在今克鲁伦河上游肯特山南麓）。

元世祖忽必烈看起来身体不错，偶尔生病也是难免。有太医院副使靳德茂做他的健康使者，他还算得上长寿帝王。

忽必烈生于1215年9月23日，1294年2月18日驾崩，算得上年逾古稀的长寿者。从其在藩邸起，直到在位的43年中，靳御医就为他的健康保驾护航近30个春秋。在一起相处得久了，感情自然亲近。有时，看到他过多地应酬、大碗喝酒，就会悄声劝谏。但在朝堂上，忽必烈也是碍于面子、身不由己。靳德茂那个心疼啊，简直就想自己替他喝上几大碗。可是，话又说了回来：靳德茂不愧为医者，对自己要求严格，没有特殊的嗜好，平日里是不饮酒的。如若是在场面上，也是很有分寸地应酬，从不过量。可是，别看忽必烈是帝王，在自制能力上远不如靳御医。尽管如此，作为御医、忠臣的他一定要劝说，即使圣上会愠怒，他也不怕，这是自己的职责所在，必须如此。

俗话说："酒是粮中醇，喝多会伤身。"这个道理一般人都懂，何况帝王？每每听到靳御医谏言，忽必烈一是虚心接受，二是下次照旧。靳御医也拿他没辙——主要是担心他的痹症：年纪越长，病情就会日益加重。

其实，痹症分很多种，有湿痹、风痹、寒痹等，总之就是现代人所说的关节炎病，比如，风湿性关节炎等。说寒痹，主要是病因及发病条件是受寒邪而引起的，寒湿阻络就要通经络；至于因血虚血瘀导致的痹症，首先要调治气血、活血化瘀。

忽必烈的痹症，一是其生于漠北寒凉地带，从小就有受寒凉关节痛的病根；二是成年后经常喝酒过量，诱发痹症。所以，靳御医不时提醒他饮酒减量。

以上是医治心病。至于世祖帝的身体，随着年龄的增长，已经显露出日渐衰弱的趋势。本来，痹症只是关节疼痛，但是，忽必烈时不时地浑身酸痛，夜里腿抽筋也是常事。

为此，他采取了治标先治本的疗法。什么芍药甘草健脾汤、疏肝理气汤等，采取补气、强肝、健肾、驱寒的长期治疗方案。至于暂时的疼痛，采取拔罐、温盐热敷、醋麸熏熨、局部按摩等。他手法高明，一般都能手到病除，所以，世祖帝打心眼里宠信他。

有时候朝事繁忙，世祖帝休息不好，就会眼袋下垂、眼角红肿。每看到这些，他一是及时提醒，二是加之小药调理，很快就会恢复正常……

诸如上述，从秦始皇到溥仪，中国的359位皇帝，均寿只有41岁。元代的忽必烈，是6位高寿皇帝之一。封建社会中，人们的生活、医疗条件甚是有限，人活在世的平均年龄普遍不高。所以，就有"人活七十古来稀"之说。言外之意是说：人活70岁就算高寿了。忽必烈所以能够长寿到近80岁，跟随他二三十年的御医靳德茂功不可没。

朝臣感激靳德茂

与靳御医同朝为官的朝臣们，都很感激他妙手回春、药到病除之恩——尤其是"汉法派"大臣。因为，以阿合马为首的"理财派"大臣掌管钱粮，而"汉法派"大臣都是些清廉的文人书生。

许衡一向身体不好，经常以疾病请辞。世祖忽必烈不断请靳御医诊治调理。许衡肾气不足，脚气不时复发，腿脚经常浮肿，还舍不得多休息。许衡也深懂医道。两人见面讨论疾病、医理及其调理之道话语甚是投机。当得知许衡一日两餐的苦行僧生活时，靳御医竟然满含热泪——但也是没办法的事：身体虚弱、不能进补，再好的医生也不是世间疾病的万能克星。这一点，他们心里都明如镜。不过，经过靳御医一段药物调理、强肾健脾之后，许衡精神就有明显好转。他心中自是佩服与感激："靳御医医术了得，医术比自己高超得多！"

刘秉忠是世祖帝的心腹之臣，年轻有为、身体强健，看上去精力充沛。但是，不时相遇，靳御医都要提醒他多加休息，并且，还专门送他菊花、薄荷茶败火醒脑。不仅如此，靳御医还向圣上奏明刘秉忠的阳盛阴衰病情，提醒断然不敢劳累，否则，灭顶之灾就会不期降临！这话说起来难听，当时世祖帝接受不了，面带不悦。但是后来，刘秉忠58岁突逝任上，朝野为之震惊！忽必烈心疼得五内俱焚，又愧疚无比：早听靳卿之言的话，就不至于有今日！

数学家王恂，是出生于1235年的后辈。虽然看上去阳光、健壮，但因面色渐赤常被靳德茂提醒：注意睡眠，别多思虑。王恂当时年轻气盛，哪里听得进去？结果，刚跟随许衡研制成功《授时历》，46岁英年早逝！他的夫人痛哭流涕："都怨老爷听不进靳御医的话，整宿整宿地不睡觉！"

自打上述二人去世后，朝臣们更是钦佩靳御医的医术、医德！

畏兀儿人廉希宪，因理学思想见地精辟，被朝臣们尊称为"廉孟子"。但他一向身体欠安，并由此和靳德茂成了好朋友。其45岁那年，胃滞、腹泻久治不愈，靳御医就为他调理脾胃。但当时药引子红糖稀缺。后来，平章政事阿合马请靳德茂入府，为夫人瞧病。原来，她和廉希宪的病差不多，也需要引子红糖。靳德茂当时想：阿合马大权独揽，这些东西肯定不缺。于是，就顺口说道："可惜廉孟子没有引子，药效不很明显！"尽管阿合马恨透了廉希宪，但他向来是拉打结合，爱当面卖好，于是差人送往廉府两斤红糖，并叮嘱是靳御医所送。廉希宪配上药引子服药后，病情果然好转，心里很是感激靳御医！靳御医笑着说道："是平章政事的功劳！"廉希宪闻言反胃，病情虽不断发作，但拒绝用红糖做药引子，以致病情每况愈下，49岁命赴黄泉！靳御医叹息："是心理障碍自绝呀！"

他重视民间单方，并用于临床。"甜草地丁汤"不知治好了多少疮口、痈疽；生姜捣大蒜不知消退了多少人的红肿疼痛；红糖荷包鸡蛋不知止住了多少白痢患者。患者们感激他：少花了不少医药费，减少了不少药难吃的痛苦！都夸他："医药神奇，妙手回春！"

靳德茂许衡情深

许衡与靳德茂自蒙古蒙哥汗四年（1254年）同被忽必烈征召到关中秦地途中在河内县城相识，到同被征召为"金莲川幕府"，直至元至元十八年（1281年）许衡病逝家中，其间20多年两人不仅同朝为官、政见相投，更是年龄相仿、无话不说的近老乡和挚亲——特别是到了晚年。

蒙哥汗三年忽必烈受关中封地。当时的关中地处陕西渭南潼关以西到宝鸡市宝鸡峡以东的地区，即现在的西安市、铜川市、宝鸡市、咸阳市和渭南、杨凌一带地区。他俩和一帮儒臣贤能被征召到秦中，实际上是为忽必烈治理中原效力。"金莲川幕府"指的是忽必烈在继承汗位前的藩府旧臣。尽管他们司职不同：许衡从事教育及其管理，靳德茂是忽必烈的健康使者，但一有时间，他们就见面谈心。后来，靳德茂跟随征大理的忽必烈去了云南，许衡自秦中还，两人暂时分开，但不断有书信往来。公元1260年，忽必烈在开平继帝位，又诏许衡至燕京入中书省，与靳德茂得以重逢。

在之后的20年间，靳德茂任太医院副使伴君左右，许衡数任职中书左承和集贤大学士、国子祭酒，以及教领太史院事等，其间八次赐官返乡，但两人友情依然不减。由于说话投机、交往过密，相互的家庭情况也都知晓。

公元1280年，年逾七旬的许衡因年老体衰恳请致仕还怀允准后，靳德茂亲自送他离京。翌年早春，得知许衡病重的消息，靳德茂恳请辞职还乡，一到家就先去看望许衡。交谈间，说到各自的孙辈后代，恰有孙子、孙女年龄相当。想想两人的交情，看看两家的门第，都觉得很是合适。封建社会里特别讲究父母之命、媒妁之言的婚姻。于是，靳家请人上门提亲。二月上旬定聘后，靳德茂又去看望许衡。许衡语重心长地说道："我命难以久长，恐难以看到这桩婚事。这样吧：我从圣上恩赐的四十五里跑马场中，截取王封地段作为孙女的陪嫁，以了我之心愿。"

所谓的四十五里跑马场，指的是许衡辞职还乡教授怀孟生徒时发帑建书院，并得钦赐四十五里跑马场地以供狩猎小憩。围猎是蒙古贵族所好，许衡并不欣赏，就用来耕种。据说：这个跑马场埋有界碑，北起太行山腹地中的桑园、北业，横亘至西南的博爱县大辛庄一带。四十五里指的是长度，宽窄已无可考。自许衡裔孙女嫁入靳家后世代因袭耕种，直到"文化大革命"初期，有博爱人到许衡祠"声讨大地主"时方休。

试想：这对老亲翁如果地下有知这件动乱年代发生的荒唐事，也会忍俊不禁笑出声来。

自元代靳、许两家结为姻亲以来，东王封、李封两村和睦相亲，直至今世。

原载于《焦作晚报》2014年9月15日"晚情"版

致仕还怀受隆恩

　　元至元十八年（1281年），靳德茂已逾古稀之年，虽然精神矍铄，但他很有自知之明，上疏请求致仕还怀。世祖忽必烈帝念及其往日藩府旧臣情谊，想着数十年跟随自己精心治疗、调养身体的功劳，不肯允准。无奈，靳德茂只得接连恳辞。世祖帝见其情真意切，心里甚是纠结：批复吧，在一块儿惯了，几十年忠心耿耿、精心服侍的情谊怎能割舍？不准吧，实在是驳不下老爱卿的颜面！正在左右为难之际，忽闻许衡病重的消息，翻转过来换位思考，是应该体恤老臣的：虽说身体尚可，但毕竟是上了年纪。万一有个好歹，也是对不住的事情……思忖再三，最后痛下决心，准备批复奏折。在此之前，先是"口谕"透了透风。

　　同样的事因人感受而异：靳御医虽然舍不得离开圣上，但天底下哪有不散的宴席？最终还是要叶落归根、返回故里。好不容易圣上恩准，确实是件好事。等到哪天走不动了再辞，岂不有损君臣之义？想到此，他让家人及早打点行装，等奏折一批复下来就起程返回故里。

　　世祖帝几十年与靳御医相处惯了，觉得批复了奏折就会相见无期，很是放心不下。但是觉得分离已成定局，旧情难忘，封赏他吧！于是，在奏折上御批：敕封嘉议大夫，回乡后仍食正三品俸禄；并敕封为怀孟路（管辖今焦作全市地域）总管，颐养天年。

　　至元二十九年（1292年）冬，当世祖帝获悉靳德茂十一月壬子日（公历12月4日），在家中与世长辞噩耗时失声痛哭！

　　情绪稳定下来之后，他决心给予丰厚的赏赐：亲赐墓田；赏赐车马出行仪仗队彩陶俑陪葬，好让老卿家游山玩景，将来有车马看望自己。由此可见忽必烈帝对靳御医用情之深、用意之切！

　　这些传说看来不假：现有东王封村南偌大的靳家老坟一座；另有就是2007年5月24日在靳德茂墓道出土的车马出行仪仗队。83件珍贵出土文物中，彩陶俑神态各异，相当排场，距今700多年仍然完好光鲜！

　　为长久保存这些无价国宝，焦作市博物馆将其运到秦皇陵兵马俑进行了保护性处理，部分已经运回，珍藏于焦作市博物馆中。

重返帝京救右丞

右丞安童（1248～1293年）者，开国功臣木华黎四世孙，巴突鲁长子。中统初，世祖追禄元勋，招其入长宿卫，年方十三，位居百僚之上。其母弘吉剌氏，是昭睿皇后之姊，通籍禁中。元至元二年秋八月，安童拜光禄大夫，领中书右丞相。当年冬十月，世祖帝召许衡至，传旨令入省议事，衡以疾辞。安童闻讯即亲候其馆，与语良久。既还，念之不释者累日。元至元十二年（1275年）七月，诏以安童行中书省枢密院事，从太子（忽必烈三子那木罕。原封北平王，后因镇边有功改称北安王）出镇边境，在边10年。二十一年（1284年）三月，从王归。

安童随太子镇边，其实是被阿合马排挤出了中书省。西北寒凉，心境不佳，安童落下了心悸、发热、肿痛等一身的疾病。用今天的话说，可能就是风湿性心脏病。10年的岁月，磨尽了安童的睿智与英气，他已经成为36岁的慢性病患者，生命危在旦夕。回朝之后，忽必烈心痛不已，多次让御医们诊治，终不见疗效，世祖帝终日愁眉不展。朝臣们看着心疼，私下里议论：能解圣上燃眉之急者，当属医术最为高明的御医靳德茂，于是联名举荐："尽快请靳德茂御医回朝，为右丞诊治疾病。老先生的医道在我朝可谓之精湛，医治疑难杂症最有良效！"

朝臣举荐之时，靳德茂已经告老还乡3年，他因医术超人又被征召。

为了给安童治病，他可谓之一片苦心。除了中药调治之外，还差人逮了壁虎，把它饿得排完粪便后，用文火焙烤至金黄色，然后研成细粉，亲自用温开水冲好，看着安童服下。所有这些，他都一丝不苟。直到看着安童因药效显著，增强了治好病的信心，自己按时用温开水冲服，他才欣然释怀。一段时间过后，安童的病情明显好转：肿胀消了，疼痛也减轻了不少，饮食起居都基本上恢复了正常……

所有这些好转，为安童减轻了大部分病痛，为元朝廷省去了许多昂贵的医药费用——也耗去了他半年的时间，74岁的他累得够呛！但是，他不忍心放弃对右丞的治疗。可是，家里人实在惦念他！每封家书都恳请他回归。可能是圣上见他精力渐衰，也劝他回返故里。直到斯时，他才觉得自己身心疲惫，决意辞朝。临行时一百个不放心，对右丞叮咛再三：按时服药，不可劳累，切莫受凉……因为有他的这段诊治，连续服药，安童身体得以好转，将生命延续到了靳德茂逝去后的元至元三十年（1293年）正月。得知靳德茂去世的消息，安童撕心裂肺般地痛哭不已！这，也可能是他很快随之而去的原因吧。

其子仕医承父业

靳德茂与夫人秦氏所生四子,品行皆酷似他们夫妇。儿子们个个谦恭友善、彬彬有礼,而且天资聪慧、好学上进。他们的高品味,是成长中耳濡目染、家庭熏陶的结果。

忽必烈登基之后建起了皇都,也就有了他时刻离不开的靳御医的官邸。从此,靳德茂的夫人、儿子们离家迁都,全家人生活在了一起。孩子们个个以父亲为榜样,修德修身、学业长进,成年后入仕做了官,留下了美名。

其长子靳起任威州(今河北省邢台市威县)知州,勤正廉洁,造福一方百姓。别看只是位从五品的官儿,但官声传得很远,百姓称之为"青天大老爷"。

其次子靳植,貌相酷似父亲。他从小跟随父亲左右,继承了精深的医道、高尚的医德。靳德茂手把手地面授机宜,他也随父出诊,年纪不大就成了名医。忽必烈帝闲暇时爱到靳御医府上走动,看到靳植如见到了年轻时的靳御医,于是,征召靳植为太医。

其三子靳荣自幼文武兼修,敢作敢为且志向高远。他从小就怀有鸿鹄之志,决心长大报效朝廷。成年后任卫辉路(辖今新乡市、县等地)总管(序正三品)。他注重治河防汛,垦荒富民。

卫辉境内多河流,主要河渠是卫河,以及东、西孟姜女河,还有百泉湖等。有些季节性河流,非雨季节会枯竭,而雨期又多有洪汛侵扰,为黎民百姓的生命财产带来灾害。为此,靳植先是勘察实情,又组织有关人员编制了治河方案。仅用了一年的时间,就疏浚了河道,加固了堤岸,修补了漏洞。由于治河治本,数十年之内境内未发生水患。

由于辽金元多年的征战,建元之后荒芜的耕地仍未被充分利用。靳植劝课农桑,鼓励土地复耕免税,极大地调动了农民的积极性。农民们得到实惠、提高生活水平的同时,国库自然也就充盈。他的富民强国主张,变成了卓越的政绩,达到了"为官一任,造福一方"的目的,百姓对其传颂至今。

其四子靳常任睢州(今河南商丘睢县)判官(从七品),为官清廉,佐理县务,掌管文书尽心尽责。

靳德茂的四个儿子无论做官从医,都一尘不染,继承了父亲的高风亮节,被传为佳话。

回返故里天伦乐

元至元十八年（1281年），靳德茂恳请致仕还怀的折子好不容易得到批复：圣上恩准他去职卸任，返回河内县王封村颐养天年。他欣喜地匆忙整理行装，返回了久违的家乡，度过了安逸休闲的人生最后十年。

当时，他的四个儿子都在任上，不断回来看望，但更多的时候都是他和侧室夫人生活。侧室夫人所生的两个女儿，一个嫁给了高家，一个嫁给了韩家。虽离得不远，但都随做官的丈夫在外常住，逢年过节才能够回来看望他们。

说到逢年过节，靳德茂开心极了：全家数十口人欢聚一堂，儿孙绕膝，其乐融融。

靳家人丁兴旺，四世同堂，一团正气，和谐幸福。他的14个孙子，全都读书上进；四个孙女贤淑端庄。曾孙和曾孙女更是乖巧可爱，见面就逗得他开怀大笑！

一向忙惯了的靳德茂，一生清廉谨慎，致仕还怀之后，仍是力所能及地造福乡里。

回到家乡生活消闲，他又拾起了自己的兴趣爱好。

一是仍然不离本行，只是服务的对象与方式不同而已。

他亲自上山采药。王封村坐落在蜿蜒雄伟的太行山南麓，大约有二里的路程，就可到达太行山脚下。它可是座宝山：除了上苍恩赐的各种杂果树桃、杏、梨、枣、山楂之外，还有数不清的、古时候作为重要调味品的野生花椒；更让人赏心悦目的是绽放着黄花、漫山遍野的连翘，是秋天里一道靓丽的风景线！除此之外，茵陈、葛根、地丁、野地黄、翻白草、威灵仙和麻秸坷针，更是取之不尽、用之不竭的天然中草宝库……他从小就是父亲带上了医道的，从记事起就背药方、汤头歌；从能够爬山时起，就跟着父亲上山采药。采药很有意思，虽说自己辛苦些，但可以施舍给那些药费拮据的穷人患者。看到他们病愈后千恩万谢的真心实意，父亲笑了，他也笑了！有时候，他会问父亲："不收诊费就行了，为啥还把咱爬山摩岭、出力流汗采来的药白送？"父亲就会慈祥地笑道："医者，救死扶伤，不能只为钱财。俗话说：'力气是奴才，歇歇又回来。'手艺是自个儿学的，药是自己采的，都不用花钱。只用自己采的药是远不够的，还得根据病情配上出钱购来的药。您爷爷是方圆几十里的名医。他老人家常说：'救人一命，胜造七级浮屠。'为医者，最主要的就是慈心善意。人心向善积德子孙旺哪……"虽然那时候他还太小，不能够全部懂得这些话的意思但敢肯定的是，他懂得向善，施医舍药，"普度众生"！

这话是父亲传下来的，在脑子里留下了深刻的烙印。真是人生苦短，恰如"白驹过隙"，转眼间，自己已经告老还乡，把父亲的这些金玉良言又转赠给了子孙。

回乡后，他有了充裕的时间，好弥补一下几十年来没机会采药的遗憾，也是件快事！由于经常上山采药，山里人都很尊敬他：知道他曾是皇上的御医，医术很是了得，所以，总是趁他采药进山时请给治病。每当如此，他就会在诊病的同时，传授一些相关的炮制、储存及煎药、下引子的方法。山民们视他为福星，是生灵的保护神！他的身影和声望久久存留在山民们的心目中！

他经常施医舍药。当时，社会生产能力低下，乡间贫苦人家很多，有病治不起者比比皆是。所以，施医舍药是家常便饭。每当人们感激他时，他就会笑着说："承蒙圣上恩典，老了退下来衣食无忧，我的生活比你们好多了！乡里乡亲的，见难相帮，我心里乐着呢！"多么高尚的品格，慈悲的胸怀！

二是喜欢远足。几十年在朝中身不由己，时间难以自己支配，这一退下来可就遂了心愿。于是，近处徒步游玩，远些车马出行。游山玩水好不惬意！

家乡一带发迹早，远近的灵岩寺、月山寺、净影寺、圪垱坡等名胜，都是他爱去的地方。美景妙处多：青天河寻源而上，枫林峡谷红叶映天，后河的那棵高大的白皮松已有千年高龄……他去不够啊，远足锻炼了身体，七八十岁的人了，还如同精神饱满的年轻人！远足扩大了采药区域，走到哪里都不会忘却了自己的老本行！

三是爱好书画。在朝中时没有闲暇，老来正好书画找乐！他把练字当成了"日课"，只要在家必写。他的字写得好，谁家有事都请他写：喜联、丧联有求必应。每到春节就更是繁忙：从祭灶的"小年"起，一直写到除夕燃放鞭炮。他喜画工笔，一片叶子三矾九染，乐在其中，有求画者从不拒绝。一幅要画几天甚至个把月，他都会耐心一丝不苟。

后裔们承袭了他的品格与基因：名医靳思信、画家靳尚谊、书法家靳思亚等人不在少数……

八秩庆寿乐融融

生活在封建社会里的人们，生活、医疗水平很是有限，所以，自古留下了"人活七十古来稀"之说。靳德茂能够年届八十高龄，可以说是医道精湛、保养有方之功。他做的好事太多，一生治病救人无数，行善积德、普济众生，汇聚、积攒成了高寿八十三岁，阖家五世同堂，享尽天伦之乐！在他八十岁那年，时任兵部侍郎（序正三品）、卫辉路总管的三子靳荣，为其隆重庆寿。腾安上赴宴，并欣然为之题言，还赋 七言律表示庆贺。

滕安上者，字仲礼，定州人。据姚燧《牧庵集》卷二十六《国子司业滕君墓志铭》记载，其生年应当是宋淳祐二年（1242年）。曾官居中山府教授、禹城主簿、国子博士、太常丞、监察御史、国子司业等职。元贞元年（1295年）卒。著有《东庵集》4卷。在卷四《七言律》中，有一首为靳德茂祝寿的诗。

题言是："覃怀靳子安，圣上潜邸时太医也。至元之初，授本路总管，以荣其归，时年七十矣。今其仲子（有误，应为三子），由兵部侍郎总管卫辉以便养亲。适其父年开八秩，将修庆事。以翰林李野斋乞诗，故为赋此。"

题言用通俗的话说是：覃怀（怀孟路河内县）靳子安（德茂），元世祖登基前藩邸太医（尚药太医）。（建立）元朝的至元初年（至元十七年， 1280年）（圣上）授予怀孟路总管，得以荣归故里, 那年七十岁。今他的次子（有误，应为三子）世约（名荣，字世约）由兵部侍郎转任为卫辉路总管，以方便赡养亲（泛指父母亲）。在他的父亲年届八十（至元二十七年，即1290年的农历十二月），将要隆重祝寿。翰林李野斋李谦（1234～1312年），元代政治家、文学家。字受益，号野斋，东平路东阿县东阿镇人。李谦少年时就学于东平学府，与徐琰、孟祺、阎复齐名，号称"东平四杰"，李谦居其首。他被朝廷重臣、东平学派前辈王磐召入朝中为官。他在朝的时间里，为国设宪、制定纲纪，为元朝四代皇帝治国决策所倚重，靳荣请求代（写）诗，所以，赋写。

祝寿诗曰："昼锦归来又十春，镜中风度愈温温。人生难得五全福，天下共推三达尊。畴昔刀圭谁国手？只今兰玉遍君恩。兵曹近领河平节，省谒恒看燿里门。"

此诗的意思为：衣锦还乡又过了十年，从镜中看来容貌润泽、风度和蔼可亲。人的一生难以得到五世同堂的福气（得到了），世人公认（靳德茂）是朝廷如爵（地位显赫）、乡党如齿（年龄高迈）、辅世长民如德（品行高尚）的三达尊者。（他）是医术高明的国师，皇帝大力赞赏、优隆尤嘉。由兵部侍郎（靳荣）总管卫辉路，符合规定（元朝地方任职时，有所谓"果有亲年七十以上，别无以次侍丁。若便凭准本官自具词因，一例近便迁除"的制度）。

另外还有乡里受益于靳德茂捐医舍药之恩的无数民众以及他的亲朋好友等，都为其隆重庆贺八十大寿。这里不再赘述。

八十三岁驾鹤西

靳德茂一向节俭，不主张大办寿宴。但是，在当时的河内县清期上乡王封里，他是老寿星。其三子靳荣岁尾到朝中述职时，世祖帝忽必烈又问及他朝夕相处的靳德茂的方方面面。当得知靳德茂已是七十九岁时，赏赐给貂皮大氅，作为八十大寿的贺礼。仅就圣上赏赐的这件大氅而言，八十大寿就该办得隆重些——靳荣老早就是这么想的。

尽管靳德茂不想张扬，但寿宴隆重喜庆还是惊动了朝中不少达官显宦亲至祝贺，老人家自是欢喜！乡人们看到如此排场，更加敬仰他老人家及其全家！

庆寿之后，生活又恢复了常态，老人家照常起居有序。清晨锻炼身体，早饭后或是上山采药，或是坐诊为乡亲们看病，或是翻看药书、研究四大怀药多种配置等，晚饭后泡脚、自我按摩穴位，倒也恬静自在。回忆起自己退休后的十多年，实在是惬意、舒心！再看他鹤发童颜的保养，活脱脱像位神话传说中的老神仙！每当有人向他讨教养生、长寿秘诀时，他都是诲人不倦地详细告知……

光阴荏苒，不觉到了至元二十九年（1292年）的冬月。那是初一的早上，天降鹅毛大雪。这天，靳德茂没有出门晨练。这也算是正常：别说耄耋老人，就是年轻人也都猫在家中。不过，无论天气如何，他的早餐是正常要用的。他的儿子、媳妇都很孝顺，天气不好时，先将洗漱水端到他的房间，然后再端上饭菜。当靳荣夫人端上洗漱水站在他的住室门前时，却意外地发现门儿没有开！要在以往，父亲会早早地开了门，闲着无事，就在屋里打打拳，做做少林武术禅宗的拳路盘架等。他的三儿媳轻声呼唤："爹，开开门儿。"只听屋内微弱答道："好，这就来。"但是等了好一会儿，门儿还是没有开。三儿媳感到意外，立马招呼家人到窗前。正准备想法破门而入之际，屋门开了。只见他披着衣服、步履蹒跚，看样子很是无力。儿媳问情况，他只说是"想睡觉，没别的不舒服"，一句话：他病了。老人家一向身体硬朗，见了人总是笑呵呵地先打招呼。人们不仅敬重他，更感觉他和蔼可亲。村人们见他几日没有出门，都不约而同地到门上探望。当闻知他多日卧床不起时，关注的消息不胫而飞！老先生的健康轰动了本村、山里、远庄、邻村，人们纷纷赶往看望，可见其在老百姓心目中的威望之高！

靳德茂卧床期间神志清晰，自知自己是年老器官衰竭要自然离去。他无疼痛难受之感，只是觉得"累了"，"睡一觉就行"。他明智地不愿意浪费药材，身边人忍不住落泪！

到了十一月初四（公历12月4日）这天，这位济世救人、光辉灿烂一生的元代御医，走完了他83岁的光辉历程，在家乡寿终正寝。

获悉噩耗的人们，又从四面八方汇聚到了王封村——这次是奔丧、吊唁。

腊月二十二日（公历1293年1月19日）出殡，街坊邻里都悲声大放地送他到王封村南那座新筑的靳家坟茔。大家亲眼看着他的灵柩、神道碑、墓志铭及殉葬的彩绘陶俑车马出行方阵等安然就位后，才再次吊唁祭拜。并且，人人都亲手为他封冢添土，祝他的灵魂早上云霄，转世仍能保君恤民，救死扶伤！

家乡特产与车马

人非草木,孰能无情?回到家乡的靳德茂,时常忆起在朝时君臣相处的日子,非常想念世祖帝。刚退下来时,每年还能回京看望,去时都要带些家乡的土特产:小磨香油、武陟油茶、山中柿饼、怀药贡品等。每次带去,忽必烈帝都要细问端的。次数多了,就记住了这些——

一是小磨香油历史悠久,油坊多家,怀孟路随处可见。这种工艺始于隋唐时期,留下了美谈。

相传,唐高祖武德四年(621年)春天,李世民与王世充激战失利,由少林寺逃难时被十三棍僧救驾。他后途经怀孟食用小磨香油后大为赞赏:"点滴香!"从此怀孟小磨油美名四扬。

二是武陟油茶秦时就有,称作"甘缪膏汤",汉代又名"膏汤积壳茶",是我国历史悠久的传统特产、土贡食品,闻名于两千多年前的秦朝末年。据传:公元前206年,楚汉相争时刘邦受伤于武德县,住在姓吕的家里。吕以膏汤积壳茶食之,三个月后刘邦伤愈。为此,刘邦心存感激,写诗赞道:"佳膳出武德,膏汤胜宫筵。"他即位后在长安常思食膏汤而难得,于是召吕某入宫,封为五品油茶大师,并封油茶为御膳。

每次食用,汉高祖都要细细品味武陟油茶的配方:将精粉、淀粉、花生、杏仁和芝麻、高级香料等24物科学配制,不仅食用方便,还具有益肝、健胃、润肺、补肾、提神生津、强身益寿等多种功能,并且味道浓郁、浓而不腻,芳香可口、营养丰富、食用方便。虽是民间风味小吃,但也登上了宫廷御膳的大雅之堂!

三是甘甜细腻的柿饼。河内县清期上乡位于太行山南麓,山中柿树随处可见。它因制作手艺提升了品味:先将成熟的鲜柿子饼用柿刀去皮,然后晒干,最后装入大缸中用泥将口封严。一段时日之后,去皮的柿子就闷出了一层白霜,成了松软美味的柿饼。因为晒得干、体积小而不易腐坏并且即口可食。世祖帝很感兴趣,用刀子切开横剖面,仔细审视空了的柿心,细腻得四下无裂纹,刀切面如菊花心状,有趣极了!他变着法儿吃,让御厨们制作成点心、熬成汤,总是吃个不够!

四是每次赴京,他必然要带一些地道的特产中药材:山药、地黄、牛膝和菊花,此四种药,药物学经典《神农本草经》有记载。把"覃怀地"(今之焦作市的温县、沁阳、武陟等地域)所产的山药、地黄、牛膝、菊花都列为上品。靳德茂等历代医药名家由表入里、去粗存精地进一步发掘它们的优秀原始本性,一直流传至今。

怀庆府(今焦作市境内)历史上以盛产"四大怀药"闻名于世,特有的土壤与气候条件,造就了"四大怀药"的独特药性和极高的保健价值。历代不仅享有贡品之誉,还被中药典籍称之为"四大怀药"。功用大致归类如下:

山药古称"薯蓣"。具有甘寒入脾、润血归肺、养胃健脾、止泻固精、滋阴壮阳、除寒热邪气、补心血不足等功能,是一种较好的滋补药膳。怀庆府人有口福:由于离得近价格低廉,可以放入锅内、煮在饭里多吃。

地黄又名"地髓"。块硕、油性大,是治病、营养的上品。在孟州(今焦作市孟州市)种植已有1000多年的历史。具有甘寒入脾、润血归肺、养胃健脾、止泻固精、滋阴壮阳、除寒热邪气、补心血不足等功能,也是滋补极品。

牛膝,因其基部有节似牛膝而名,具有利尿、强精、通经之功效。

菊花,干、叶、茎、根、花都可入药。性微寒,味甘苦,具有杀菌消毒、清热、解渴、平肝明目等功效,且含有丰富的菊花色素,维生素A、B和氨基酸以及大量的挥发油,有味浓、煎煮不败的特点。

目前,武陟、沁阳、温县等县年产山药、地黄、菊花、牛膝达上千万斤,年出口量达400多万斤。"四大怀药"不仅在国内颇有盛名,而且也深受海外人士的盛赞。在东南亚各国,人们把"四大怀药"当作稀贵礼品相互赠送。日本、英国等国家把"四大怀药"称为"华药"。这是后话。

靳氏后裔注重了对先祖靳德茂与怀药的研究。据靳氏元代裔孙靳贤承对《怀药贡品》考证,有了医药史料的重大发现:早在元初靳德茂时期,四大怀药就已是皇封贡品,较明代李时珍著《本草纲目》提早了一个朝代!

元至元年间,身居太医院副使的靳德茂奉命核实《至元增修本草》《御药院方》《怀药贡品》《饮膳正要》。他回到家乡怀孟路河内县实地考察、精挑细选,在诸多怀药中将留驾庄的地黄、大郎寨的山药、北金村的牛膝、皇甫村的菊花列为贡品，精心包装，亲自护送至大都，敬献给元世祖。忽必烈用后精神倍增、红光满面，大加赞赏。正式敕封"四大怀药"为皇室贡品，年年纳贡、岁岁征收。

据传说，靳德茂的晚年，最为热衷的就是对于"四大怀药"的精细化配制、多形式制药。他将药品食品、糕点、饮品化，把它制成丹丸散煎汁，使食之更加口感好、药效高和携带存放方便。他如此这般是一片苦心：自己老了，去不了京师，为了保持药效和携带方便，就制成了这些品种。

他的三子卫辉路总管靳荣，每次进京奏事或是奉召而往，都要让带家乡的的土特产（含四大怀药）给圣上。忽必烈帝见物生情，必定要问靳德茂的饮食起居、身体状况，并问这些土特产离他们家远否。当得知就在十数里之近时，又问老卿家如何前往，靳荣回复"坐马车前往"。忽必烈帝说道："难得老爱卿忧朕赤心，回头赏赐他驷乘马车如何？"接着就是丰厚恩赐，以示优隆体恤。靳荣事毕回返卫辉前，向陛下辞行时，忽必烈帝说："车马的事我记着，等你下次来京吧！"

可是，还没等到翌年，靳德茂就驾鹤西去。忽必烈帝始闻噩耗很是震惊与遗憾——这就是他御赐方阵车马出行仪仗彩陶俑的原因。

在传记将结束之际，屡屡惋惜涌上笔者心头：可能是元朝的短暂，或是当时刊印技术的有限，还可能是靳德茂的年迈、精力有限，没能将"四大怀药"的研究成果报告、精细加工工艺最终整理彰显天下。现在所说的这些，只是后裔们、民间百姓的口碑相传。

还有需要说明的是：靳德茂出生于怀庆府河内县，是怀药的最佳集中产地。他从小在名医父亲的身边长大，常听说到"四大怀药"这个专用名词，到了明朝，"四大怀药"这一名词就盛行起来。

附录一　靳德茂墓道里发掘出的车马出行方阵彩陶俑（《东方今报》2007年7月11日）

焦作市文物勘探队在一元代古墓中发掘出土83件珍贵文物，其中两辆马车，还有81件身份不同的人物陶俑，共同组成了一个声势浩大的车马出行仪仗队。这些珍贵文物被送往焦作市博物馆保存。古墓位于焦作市中站区许衡街道办事处东王封村靳家坟。古墓主人身份确定，为元世祖忽必烈时代重臣靳德茂的官墓，距今700多年。

附录二　靳德茂墓志铭

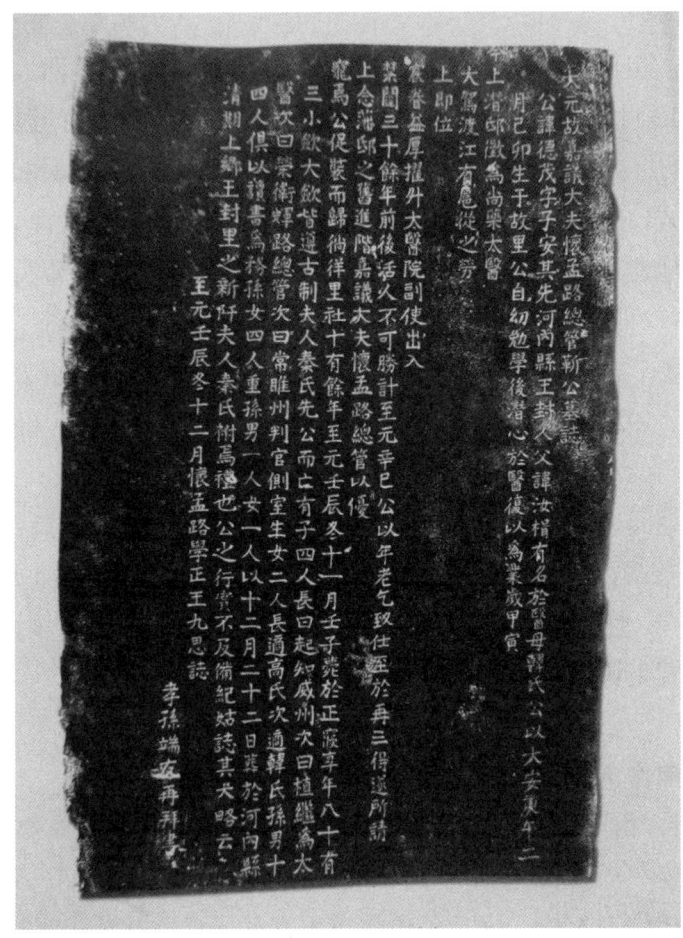

附录三　"怀药"与怀川共沉浮（摘要）（《焦作晚报》2015年2月3日 04版《厚重怀川》）

据《沁阳市志》记载：大郎寨村的山药称"郎山药"，曾为明清贡品。

史载：公元前734年，卫桓公向周桓公进贡怀山药；公元前718年，魏宣公以后，怀山药成为历代王（皇室）封贡品岁岁征收；公元前608年，鲁宣公开始向周定王进贡怀地黄。从此，历代王（皇）室将上述怀药列为贡品。公元619年，覃怀人给唐高祖李渊"土贡牛膝"。此后，历代将其列为贡品。历代统治者征收怀药贡品时，大都指地道名要留驾庄和大道寺的地黄；大郎寨的山药；皇甫村的菊花；小庙后、北金村的牛膝。

随着"四大怀药"的治疗保健作用得到世人的充分认识，其也由贡品走向大众生活。销售市场很好，刺激了老百姓种植的积极性，形成了种植与销售的良性互动。焦作农村流传着"一分园,十分田"的农谚。以此形容怀药种植与加工效益相当可观。

明朝末年,焦作人种植"四大怀药"已成规模;清朝,"四大怀药"销售进入鼎盛时期。19世纪末至20世纪初,"四大怀药"集中产地的温县、武陟、沁阳,经营怀药的行栈货庄在百家左右。货商根据行情采取预约种植面积、预付定金、包销等方式,扶持药农生产;组织怀药行帮,在北京、天津、武汉、西安、广州、香港等地建立办事机构,在全国13个药材帮会中独占鳌头。

民国初期,"四大怀药"种植进一步发展。1923年,"怀商"张子杰联合温县、沁阳、武陟、孟县(今孟州市)等地怀药行栈,筹集白银百万两,成立怀药股份有限公司。1925年,从山西太原引种过来的"太谷山药",经过焦作本土培育,成为怀山药的又一个品种。

日寇侵华期间,"怀商"分布在各地的药材行栈,均被日寇捣毁、挤垮。1938年2月19日,日军占领焦作,强行将焦作产的"四大怀药"运回日本加工,公然进行资源掠夺。他们还把"四大怀药"主产区之一的武陟的土壤运回日本研究,化验后重新配置土壤试种"怀药",结果以失败告终。

附录四 焦作市将努力打造靳德茂墓成为文化旅游景点

2010年9月,由国家文物局与美国纽约大都会博物馆合作举办的"中国元代艺术展"在纽约举行。靳德茂墓中出土的国家一级文物蒙古人驭马俑及其他三件我市出土的元代文物入选,展示了焦作市丰富的元代文化。

在2010年初,河南省文物局决定申报靳德茂墓为第七批全国重点文物保护单位。在该局《关于靳德茂墓申报第七批全国重点文物保护单位的推荐报告》中指出:靳德茂墓建于元代,墓地埋葬的历代名人众多,等级较高,规模较大。靳氏一族历经元、明、清及民国,墓葬排列有序、绵延相连,是一处保存完整的贵族墓地和家族墓地,是研究元代到清代直至民国的丧葬制度、墓葬制度、葬风葬俗的重要实物资料。具有较高的历史价值和研究价值。

强力保护打造焦作市又一景点。靳德茂墓中发掘出罕见的车马出行陶俑方阵后,经媒体报道,引起了社会的广泛关注。甚至,一些盗墓贼也闻讯赶到了东王封村。一名负责保护古墓的靳氏后人说:他曾在晚上看见过几个蒙面人在靳氏墓地周围转悠。

"从各种迹象上看:这个元代古墓应该没有被盗墓贼盗过。另外,墓主人身份极其尊贵,其棺椁中的文物应该会更让世人吃惊!"焦作市文物勘探队一位负责人介绍。

靳氏后人更希望能在原址的基础上进行保护，而不是进一步开挖。"既然靳德茂在元代属于历史名流，古墓出土的文物价值又这么大：具有几百个古墓的规模，可以在原址成立一个市级以上文物保护单位。"靳氏后人曾向有关部门提出自己的想法。这个想法得到文物部门的支持。2008年6月，靳德茂墓被批准为河南省文物保护单位。去年年初，省文物局向国家文物局申请批准靳德茂墓为第七批全国重点文物保护单位，并递交了材料。

为了进一步对靳德茂墓进行保护，2007年9月，东王封村成立了靳德茂墓文物保护小组。派人常年住在墓地，进行日夜值班巡逻。近两年来，东王封村加大保护力度，通过群众集资等多种渠道，筹资100余万元，对靳德茂墓及其墓地的神道进行了修整与绿化，并修建了凉亭、享堂、牌楼、大殿等十大建筑。

2009年8月，焦作市博物馆与陕西秦俑博物馆联合申请立项"焦作元代靳德茂墓出土陶俑与陶器彩绘保护方案"，对靳德茂墓出土陶俑的彩绘进行保护。

目前，有专家曾建议，在条件许可的情况下，可在靳德茂墓周围修建靳氏文化公园。

焦作市文物局副局长邢心田说：由于靳氏墓地古墓较多，从元代到明清的墓葬很多，是地下文物的宝藏。我市文物部门，计划在这里建设焦作古墓博物馆。这些想法正在逐步实现。在焦作市制定的焦作市中心城区中站西区控制性规划中，以靳氏墓地为主的靳煌公园也被纳入到规划之中。近两年来，焦作市文物部门在河南煤化集团合晶科技公司工地和马村白庄施工工地发现的金代墓和宋代墓已经迁进了靳氏墓地。焦作市从汉代到唐宋，再到元、明、清代的有价值古墓，将逐步在这里集中。几年后，这里将被打造成为焦作市的又一个旅游景点和休闲娱乐场所。

作者：王龙卿　王水涛　摘自《焦作人文的博客》

靳德茂先生年谱

金　大安　二年（1210年）农历二月二十二日（公历3月17日）在祖籍河内县王封出生

蒙古　成吉思汗十年（1215年）

窝阔台汗元年（1229年）在家乡学习文化、医术

蒙古　窝阔台汗二年（1230年）被忽必烈征召至关中（今西安）

蒙哥汗四年（1254年）忽必烈身边任尚药太医

蒙哥汗五年（1255年）作为贴身御医随忽必烈征大理

蒙哥汗九年（1259年）随忽必烈胜利北归

元朝　元世祖　中统元年（1260年）提拔为太医院副使随时出入皇宫

至元十八年（1281年）因年老辞官致仕还乡采药救治乡人

至元二十一年（1284年）重返京师为右丞安童治病

至元二十九年（1292年）农历冬月壬子日（公历12月14日）在祖籍河内县清期上乡王封里病逝，享年八十三岁

农历腊月十九日（1293年1月30日）安葬于新筑墓地

元朝　至元壬辰（1291年）十二月　怀孟路学正王九思为先生撰写《墓志铭》

靳德茂后裔群英荟萃

近八百年来，在东王封这块热土上，靳德茂后裔因袭了祖先聪慧睿智、勤劳有为的基因，"代代都有英贤出，增光家国扬忠魂"。

仅是近代以来，东王封靳氏族人中，多有爱国志士为了国家的前途、民族的命运英勇牺牲、前仆后继。诸如：人民功臣靳抬抢、靳尚遂、靳继尧；革命先烈靳思弼、靳老长、靳年、靳学礼、靳楼、靳赵氏（靳尚茂之母，时任村妇救会主任）等。他们的英雄壮举气贯长虹，他们的爱国主义精神永远活在人民心中！

靳氏族人在先祖的荫庇下，在革命先烈精神的鼓舞激励下，在中国共产党的英明领导、培养教育下，更是承前启后、继往开来，不同时期、不同行业、不同岗位上，涌现出了一批又一批业绩非凡、立功受奖的先进人物。在此，辑录到多位后裔佼佼者，旨在传承先祖精神，发挥正能量，在实现伟大"中国梦"的征程中，做出新的贡献。

民族实业家靳法蕙
根据靳古用素材、韩善佑口述整理撰文

东王封村人靳法蕙，生于1844年12月24日，1917年2月22日逝世，是享誉中原的民族实业家。他虽逝去一个世纪，但那卓越的贡献、高尚的人品仍被口碑相传至今。

靳法蕙自幼聪敏好学，大有过目不忘之才。随着年龄的增长，他越来越为家乡到处都是丰富煤炭资源但开采不出来而遗憾。为此，他的最大理想就是开采煤炭、造福乡里。为了实现自己的理想，他一边潜心攻读有关书籍，一边进行实地考察。他从自家周围走了出去，足迹遍布太行南麓深山老林、沟壑山岭，寻找矿脉，勘察地质。经过20多年的刻苦钻研，逐渐积累了丰富的开矿技术。他能够根据山脉走向及其地貌特征，判断地下煤炭的优劣与煤层厚度、地下水分布状况

和流量，并做了大量的翔实记录。开矿实践证明他的判断准确率很高。

　　他不仅开矿技术精湛，而且人品高尚，办事慷慨大方。时值1874年，有几户人家在寺河兑股开矿，因难以控制地下水半途而废。他得知这一情况后，与族人合资接收了此矿。由于排水方案得当，很快控制了地下水位，不久便生产出了大量优质煤炭。当地一些人看着眼红，就敲他"竹杠"，不让其修路，使得堆积如山的煤炭难以出售、外运。冬季将至，大量煤炭难为民所用，百姓纷纷要求他尽快售煤，各村还派出代表与之交涉。他深知来人心意。看着众人期待的目光，他爽快地说："我办矿出煤就是要卖的。但是，占了诸位的土地，我赔偿！修路等造成的损失，我给大家弥补上！"几句善解人意、顺情入理的话语，使来者无话可说，全都佩服他深明大义、慷慨大方！

　　靳法蕙的经营管理和销售都很在行。随着开矿的增多、规模的扩大，他在各个煤矿、公司和商业网点都设立了相应的办事机构，并且责任到人、实行包干。每到岁终，到他的账房里清财核资、领取下年度任务计划。每每值此，他慷慨解囊，设宴款待。包工头们都很感激他，心情舒畅地经营与生产。

　　20世纪初，英商福公司在焦作开办煤矿。他们投入了巨资，采用了最新的设备。但是，自1906年矿井见煤后，收益却始终不如靳法蕙开办的凭心煤矿。因此，英商们认为他是个开办煤矿的奇才，想用高薪聘用，靳法蕙推辞不受。他认为：帮助外国人开矿是楚才晋用，有损国格，有辱人格。为了比英商开采出更多的煤炭资源，他扩充了资本，吸收了股金扩大了经营，并成立了"凭心煤矿合资有限公司"。

　　英商资本家看他生意火红，多方周旋，执意聘请他。实在难以推辞时他只好应允，机智地同他们周旋。只是，他们在焦西（今焦作市第一水厂）所打的矿井一味抽水，终不见煤炭。英商资本家大呼上当，但为时已晚，只好丢下焦西矿井，掉转头来先开东大井（李封煤矿），又开西大井（王封矿）。

　　为使煤炭畅销、开辟市场，他先后成立了"中州公司""凭心公司"等大公司，还在道清、京汉铁路沿途各个站点开设销售分公司，生意如日中天。然后，他将煤炭销售利润的积累，用于了多种经营，在郑、汴、驻马店等地开设了许多商业网点。当时不少人传说："靳法蕙去天津一路不住店，每晚都住在自家的煤炭公司或是生意商行里！"

　　靳法蕙开办的多处煤矿，大大解决了怀府八县，特别是本村人的就业问题，使得数以千计者经济生活有了依靠——东王封人更是近水楼台先得月：有文化者在公司内任内、外事职（掌柜、账房或是工作人员）挣钱，无文化者干体力劳动养家糊口。

靳法蕙为人慷慨大方，非常体恤矿工疾苦。矿工回家捎点东西，他从不追究，还经常抚恤贫苦者。靳法蕙对人和善，矿工们见了他都很亲热——特别是东王封人和他的族人。但有一天，东王封一靳家矿工下班途中见了他却绕道而行。他觉得纳闷儿，遂将其唤回问及原因。靳某吓得浑身哆嗦，"扑通"一声跪了下去，哭丧着脸说："俺家太穷，没有油烙饼，偷了您矿上的灯油。愿打愿罚，俺没说的！"说着，他从腰间掏出了那个装着油的小瓶子递了过去。

靳法蕙哈哈大笑道："我知道你家没有办法，叫你回来是看你空着手回家，想让你捎点儿矿上的东西。快回家拿个大瓶子来，去关房（矿办公处）让给你倒油。你赶快去吧！"说完笑着扬长而去。靳矿工闻言非常感激，但心里却有些不踏实：哪有东家鼓励穷矿工偷自家东西的道理？因此，对于去不去关房倒油犹豫不决。他提心吊胆地刚回到家中，靳法蕙已经派人到家里叫他去官房倒油。靳某这才如释重负地消除了心理压力，感激佩服得热泪盈眶！此消息不翼而飞，很快传播开来。从此之后，凡在他矿上干活的矿工，下班回家时不是背块大炭，就是捎点灯油，他从不计较。

对于家庭困难者，他总是根据情况给予照顾：幼年丧父的男孩儿，干小孩儿的活领大人的工资；老年丧子者干不了重活，找些看场、卖煤等轻活维持生计……大家都夸赞他仁慈、大度！

1911年夏，为抵制英商福公司扩大"红线"（限制范围线）界区大肆掠夺行径，靳法蕙暂时停歇旧矿，在英商福公司规定的、禁止中国人开采的红线界之内另开新矿，利用民间小煤窑的长处扩大浅煤层开采。他的这些举措，得到了焦作矿务研究会的欣然支持。到了8月，福公司总董事白莱西无理指责：靳法蕙等在"红线"界内开采煤矿，侵犯了福公司的采矿权益，要求立即停止一切采矿活动！靳法蕙是最有骨气的实业家，认为自己是中国人，在自己的国土上开采煤炭，是天经地义的事，所以不予理睬，继续开矿、挖煤。后来，辛亥革命风暴席卷全国，河南巡抚解任，英商福公司提出的"交涉""红线"之事暂时搁置。

靳法蕙擅长经营，十分留意民情。见开封、驻马店和徐州等地人造炊、取暖以烧柴为主，不仅通过铁路运去了煤炭，还派出三名精通煤灶者，为当地人垒煤火、烧煤炭做示范，使当地人学会了烧用煤炭，得到了煤灶火方便、卫生的好处。自此，煤炭源源不断运销外地，生意更加兴隆。

虽然靳法蕙是开矿、做生意的奇才，人又很有骨气，但是，由于社会黑暗、恶霸横行乡里，使得他蒙冤受屈。

办矿盈利之后，乡间恶霸看着眼红。财主毕登瀛倚仗权势，将靳法蕙与毕金陵合资经营的煤矿，作为他个人的金库常去索钱。靳法蕙对其积怨甚深。一次，毕登瀛又派人到他们矿上，蛮横无理地让限期送银子七十两，被靳法蕙的手下人奚落而走。这下可惹恼了毕登瀛，他仗着兵部尚书毛昶熙老泰山的权势，诬告他们两家有命案，状纸直呈慈禧手中。慈禧亲批"交河南巡抚代审"。巡抚接到御批，不问青红皂白就将他们两人逮捕，押到了开封的死囚牢中。此事当时影响很大，人们都知道他们冤枉，决心先把他们救出来：他们煤矿的人用重金周旋左右；地方乡绅们从中斡旋。官府无奈，只得将他们放回，此事不了了之。

本不该有的这场官司结束不久，毕金陵去世。年逾古稀的靳法蕙心理创伤甚重，身体大不如从前。但是，他依然舍不得离开自己的煤矿事业，仍旧坚持住矿，料理日常事务。

时值1912年，靳法蕙为中州煤矿经理，在桐树沟开辟新矿。经过半年的劳心费力，翌年5月开始出煤。

1914年，靳法蕙公然与英福公司抗衡，扩大规模与之对峙。将自己所属的中州煤炭公司与豫泰、明德两煤炭公司合并，成立了中原煤炭公司。此后，中原公司在国内声名大振。但是，年迈人的过度劳累使他一病不起。

1917年2月22日，这位为祖国煤炭事业奋斗了终生的实业家与世长辞，走完了他73年的传奇人生之路。

靳法蕙开办的煤矿很多，横跨数县。西起济源、沁阳、博爱，东到桐村、李河、寺河一带。在方圆200多里之内，开办矿井130余对，且无一瞎矿。他以崇高的爱国主义精神，倾注了热爱人民的心血。他以精深的办矿技术、灵活的经营方式、雄厚的经济实力，成为河南省矿业的先导，闻名中外。

靳氏名人三兄弟
根据靳思杰素材整理撰文

在蜿蜒起伏的太行山南麓，有一个著名的村庄——东王封。村上靳姓居多。东王封属于近山丘陵地带，因严重缺水而庄稼难以旱涝保收，使得村民生活比较艰难。艰苦的生活环境，砥砺出了村民勤劳勇敢的品格。殊不知就在他们居住地的下面，蕴藏着丰富的煤炭资源。由于缺乏科学知识，闲置乌金墨玉不予开采，大部分人家却只凭耕种农田维持俭朴生计。

清政府腐败无能，外国列强纷纷入侵、掠夺，世道大变。清朝光绪末年，英商来焦作开采煤矿、修筑铁路，与中国政府联合开采煤炭资源。隆隆的机器声响，打破了长久封闭的静止状态，唤醒了东王封人的良知，首先走出去的是男人：村人有的到煤矿去当矿工，有的到矿区做些营生；更有思想开放者，合伙集资开办民窑，并将煤炭远销外地。其实，思想最为开放的，当数村里的青年学生：他们告别了传统私塾，欣喜地步入"洋学堂"读书，到大城市求学。这正是世界在变，国家在变，农村也在变：沉闷落后的格局被打破了！"辛亥革命"推翻了数千年的帝制，"五四"运动唤醒了有良知的青年，共产党的红色风暴席卷全国，抗战烽火熊熊燃起……这一系列的社会动荡、政治变革，直接、间接地冲击着东王封村人，特别是青年学生们！有识之士先后投身革命运动中去工作，去斗争，有些还为之献出了宝贵的年轻生命。革命先驱靳思弼，便是其中的一位。

坚贞不屈靳思弼

家世简介

靳思弼的父亲靳观周，字肇西，是开明和善的文化人，也是东王封村少有的家境富裕者。他非常注重对孩子们的教育培养，从小就将他们送入私塾。后来"洋学堂"兴起，他第一个把孩子们送入就读。

靳思弼的母亲韩氏，是府城村大户人家的女儿，自幼知书达理，贤惠温顺。他们夫妇养育了三男二女，靳思弼在家为长。

靳思弼，字良辅，1903年生。从事地下革命工作时期，曾用母姓化名韩良辅。北伐战争失败、国共合作分裂后，又化名李子良。其妻王宝珍是博爱县清化镇人，既是他政治主张的追随者，又是他的同学、挚友，两人感情深笃。两个妹妹葵英、葵芳，分别嫁到了朱村和府城。二弟、三弟思杰、思彤，在其革命思想的影响下，抗日战争时期均已参加革命，加入了中国共产党。

靳思弼1928年2月任共青团河南省委书记，因叛徒出卖，不幸在开封被捕，1931年被反动派杀害，年仅28岁。

投身革命

靳思弼的父亲靳观周是这样发迹的。他有文化、人勤谨本分，早年与人做伙计、当店员。他很有经营头脑，想着在适当的时候，将自己家乡遍地都是的煤炭远销外地。后来，他终于如愿以偿地到长葛县和尚桥镇及许昌等地开办煤场，经营煤炭生意。手头有些积蓄之后，干脆自产自销：回到本村附近开办民窑，采煤外销。靳思弼在这样家庭的熏陶中，形成了思想正直、眼界开阔的品格。他自幼聪敏好学、性格倔强。因正义感强烈而爱打抱不平，乐于帮助别人。

开明的父亲见他是棵好苗子，从小就把他送进了私塾。他的小学是在博爱县清华镇小学堂读的，毕业后考入了沁阳县城的省立第十三中学。1919年中学毕业时，"五四"爱国运动爆发。他受到革命思想的启蒙、影响，经常阅读《新青年》杂志，学习李大钊、鲁迅等人的著作，进而，又得以阅读一些介绍马克思主义、苏联十月革命的著作与宣传文章，思想进步很快。他曾和几位同学结为金兰好友，同赴当时的省会开封求学。

他先就读于圣安德烈教会学校，之后又考入中州大学（今河南大学）深造。1923年的"二七"惨案令他义愤填膺，于是，趁暑假返回焦作，投身到了矿工们的罢工运动中去；他还组织本村在外就读大学、中学的返乡学子，给予罢工矿工物质、精神上的援助。他运用自己文采佳、善写作之长，编排新剧义演，将全部善款捐给了工人家属。

他的一系列表现，引起了中共党组织的重视。暑假后开学返回学校，经人介绍加入了中国共产主义青年团。

顽强战斗

1925年秋，他转学到上海大学继续深造。

该校是共产党参与创办的一所高等学府，他有幸接触到许多共产党员，受瞿秋白等共产党人的影响，思想更加成熟。经人介绍，他加入了中国共产党。后来，组织批准他转入广州黄埔军校学习军事。之后，组织又调他去部队工作，参加了北伐战争。他在国民革命军唐生智部队担任团部党代表，军衔是上校。1926年，他随军转战到湖北、河南。1927年，国民党反动派叛变，发生了骇人听闻的"四一二"大屠杀，到处进行"清共"。他所在部队中的中共党员分别转入地下斗争。他先在郑州，又回到焦作，后返回开封，在开封河南省委工作。曾开办过工人夜校，编辑过进步书报，宣传中国共产党的革命道理。与之同时，还筹集资金，购买枪支弹药，准备武装起义。后被叛徒韩某出卖，于1928年底被捕入狱。

在狱中，他继续进行秘密革命活动。

坚贞不屈

1929年初，靳观周得知长子靳思弼被捕在狱中之事，心慌火燎地联系他的舅父韩听吾，商量营救办法。最后，决定拿钱赎人。因此，他们凑了一些现洋，买通关键人物，欲营救其出狱。但是反动当局提出：只要他写悔过书，就放他出狱。靳思弼闻言勃然大怒："共产党员为正义而斗争不怕死！宁可被砍头，绝不会失节！"于是，当即又被押回狱中。

在狱中，他坚贞不屈，仍然继续秘密活动。后来，他又买通狱卒，准备越狱，因敌人戒备森严未能成功。事后，敌人就把他转入死囚牢中。

1931年初，在一个风雪交加的黄昏，靳思弼被反动派的爪牙押到刑场枪杀。行刑前，他大喊"打倒反动派！""中国共产党万岁！"等口号，还唱起了《国际歌》。连中刽子手罪恶的三颗子弹后倒地，躺在了血泊之中……

靳思弼的父亲、舅父，得知其英勇就义的噩耗后老泪纵横，随即赴开封，在乱坟岗中找到尸体，小心挖出后装殓入灵柩，运回原籍东王封村，停放在自家门口。其知书达理的遗孀赵宝珍，对丈夫的牺牲悲痛欲绝，但为了保守秘密，其将从开封带回的遗物、遗稿，在灵前当作祭品徐徐烧掉，只留下一个旧木箱子和在狱中用过的破棉被作为纪念。她终日啼哭于灵前，因悲愤过度而身染重病，医治无效，随丈夫而去。

相关链接

埋葬靳思弼那天，中共北方局领导秘密派人到灵前吊唁，并送悲壮挽联，慰藉英灵。

新中国成立之后，中共派专人到村里探问，并抚恤其家属。不久，当地政府为他家挂上了"烈属光荣"的牌子。

2007年9月12日，在靳思弼英勇就义75年后，正式被河南省人民政府批准为"革命烈士"。

"为有牺牲多壮志"，英名千秋照汗青！

革命烈士，英名千古，永垂不朽！

文化名人金紫光

金紫光是靳观周的次子，靳思弼之二弟，原名靳思杰，曾用名靳志光。1907年7月出生。幼年入私塾，后转入国民小学。

靳志光受其长兄靳思弼革命思想影响，1925年参加了焦作煤矿反帝大罢工运动，并随其长兄到李封，参加声势浩大的群众大会，支持罢工募捐演出活动。

1928年,他在焦作扶轮小学读书时,根据该校地下党组织的安排,参加儿童歌舞剧的演出。

1930年对其影响最大。他看到长兄因从事革命活动,被反动当局逮捕后,革命者不畏艰险,仍以亲戚名义,若无其事地在长兄住处接头、联系,深深打动了他幼年的心!从此,他逐渐明白了一些革命道理,感兴趣于进步书刊、革命文学作品,萌发了革命思想。

1931年"九一八"事变,唤醒了全国人民同仇敌忾的抗倭激情。他在学校积极报名参加义勇军,欲从戎杀敌,因校方阻止未能成行。他踊跃参加学生会组织的查禁日货爱国运动,演出宣传抗日的京剧。

1932年,他在郑州扶轮中学读书时,曾兼任《郑州日报》文艺副刊编辑,开始发表散文、小说。

1934年,在进步教师的帮助下,他发起、组织了课外读书会,学习社会科学,阅读世界名著;又在教师的辅导下,组织了艺术委员会,被推选为总干事,领导同学们开展课外戏剧、音乐等活动。在国文老师的指导下,他的部分作品在学校铅印出版。

1935年冬,北京"一二·九"抗日救国学生运动爆发,并向全国各地发出快邮代电和抗日宣言。他和郑州扶轮中学的学生们积极配合,以学校名义发动小学四年级以上及中等学校师生,冒着风雪严寒到政府机构、陇海铁路管理局游行请愿,强烈要求政府抗日救国。见行动无果,他和游行师生到火车站卧轨,要求乘火车赴南京向国民政府请愿。紧急关头,有关方面为控制事态发展,再三保证:"定将群众的要求转报南京政府。"加之许多学生家长劝慰、阻拦,以及学校马上就要进行年终期考等,使得这次轰轰烈烈的学生运动受到一定影响。事后,他痛心疾首地写下了题为《1936年导论》的文章,精辟地分析了国内外形势,明确指出了第二次世界大战必将爆发的严重危机。并极力号召国民:关心国家命运,努力团结奋斗!此文章破例用红纸印刷,发表在扶轮中学校刊的元月首期一版头条位置。

1936年,他考入了金陵大学文学院。在校期间,曾先后参加两个学生社团,并在两种性质完全不同的社刊上发表文章,表明自己的进步观点。

在日寇侵略华北的严重时刻,上海文艺界发生了"国防文学"与"民族革命的大众文学"两种文学口号之争。针对这一问题,他发表了题为《非常时期的中国文学》的文章,提出了"无须在口号上作不休争论"的主张。

1937年"七七"事变后,他返回河南,借读于开封的国立河南大学。受范文澜"开展救亡活动"的影响,毅然参加革命活动,宣传抗日救国思想,创作并朗诵了诗歌《青春》,撰写并演出街头剧《怒吼吧,青年!》给如火如荼的学生运动增温声援。

1937年冬,他决心离校到陕北参加革命,满怀激情地与郑州几位同学克服重重困难,于1938年12月到达陕北。先后在云阳安吴堡青年训练班、延安抗日军政大学、鲁迅文学艺术院学习。毕业后,调西北青年救国军干部训练班,在艺术连历任音乐班班主任和作曲、戏剧指挥、编导、艺术教育主任,并在生活倡导处负责俱乐部工作。这段时期内,他创作了组诗《青春》,以此反映"七七"事变后青年人的苦闷、追求、走上革命道路,把青春献给神圣的抗战事业的社会主题。后又把这篇组诗改写为《青春大合唱》,在延安公演后很快轰动社会,引起了青年积极报名参军、踊跃投身革命的社会效果。《青年大合唱》在中央青委文艺评奖大会上获甲等奖。

他写了反映人民群众奋起抗战的歌剧《反抗的吼声》(与史行合作)、反映八路军战斗生活的歌剧《再上前线》。他还创作了敌后武工队发动群众参加抗日的现代京剧《太行山》。

1940年,他在延安西北救国会青救总剧团任团委,并在毛泽东青年干部学校艺术部任艺术指导。在吴玉章同志指导下,与史行等人合编了反映"五四"运动的话剧《启蒙者》,他还创作了歌曲《反侵略进行曲》《青年的故乡》《青年战歌》等。

1941年2月,他参加了中国共产党,调中央青委宣传部,负责青年文艺活动工作,并兼任延安业余话剧团副团长、青年大合唱团总团长。同年秋,调任中央研究院文艺室工作。1942年,参加了延安文艺座谈会。1943年,调任中央党校学习。其间,他参加了以破除迷信为主题的大型秧歌剧《红鞋女妖精》及著名京剧《逼上梁山》的创作与演出,主演林冲。

1944年,他与苏一平、周戈合作编导了新歌剧《刘红英》。

1945年,调延安评剧研究院任音乐教员。其间,他跟随毛主席转战南北,曾任《黄河大合唱》指挥,被毛主席称为"四大忙人"之一。同年夏,由中央批准,他创办中央领导的第一个革命乐团——延安中央管弦乐团,创作并导演了新歌剧《花木兰》。

1947年春,他率团参加陕北土地改革和自卫战争等。1948年夏,他参加石家庄华北文艺座谈会后,调华北人民文工团,任团委兼创作部主任。同年冬,参加解放北平的工作。翌年初,随军入北京,在军管会参加文化接管工作,后担任人民文工团秘书长。同年夏，参加中华全国文学艺术界代表大会，还出席了第二届世界青年联欢节，担任中国青年艺术团团委。

1950年至1955年，他先后担任北京人民艺术剧院副院长，中央戏剧学院、歌舞剧院秘书长，以及中央实验歌剧院负责人兼艺术委员会副主任、民间戏曲团团长等职务。1955年，调中央高级党校学习，结业后调国务院对外文化联络局任文化参赞。

1957年，参加创办北方昆曲剧院，任副院长。

1958年至1963年，与人合编昆曲现代戏《红霞》、历史剧《渔家乐》、电影剧本《望夫云》、历史剧《吴越春秋》、现代剧《攀登世界高峰》，并为田汉编著的《关汉卿》、郭沫若编著的《蔡文姬》等历史话剧作曲。

1966年"文化大革命"开始后，调北京文学艺术界联合会参加运动，被下放到北京郊区农村五年之久。1971年，调回北京京剧团任团长，之后又调北京文化局从事创作。

"十年动乱"结束后，他于1977年重新修改、整理了《逼上梁山》，并且公演。1978年春，他奉调筹备、恢复中国文学艺术界联合会，担任副秘书长；同时，参与筹备并参加了中国文学艺术工作者第四次代表大会。

1980年，调国家文物事业管理局，任副局长、党组成员。之后，又任中国圆明园学会副会长和基金会会长，以及北京世界语协会副理事长、中国文学艺术界联合会全国委员会委员、中国戏剧家协会理事、延安文艺丛书编委会总编辑、中国老年文物研究会会长等职务。之后，又改任中国延安文艺学会副会长、中国延安鲁艺校友会秘书长、延安大学校友会秘书长、延安科教文发展基金会副会长、中国秦碑复建委员会会长、中国长城国际俱乐部理事长等社团负责人。

他早年投身革命，是著名的剧作家、音乐家、文学评论家，更是出色的指挥、导演、文艺事业的组织领导者、社会活动家，晚年仍殚精竭虑地辛勤工作，撰写反映抗日战争时期的知识分子，在坎坷的人生经历中成长、成熟、走上革命道路的长篇小说。

他有着浓郁的家乡情感。虽身居高位，又阔别家乡多年，但仍眷恋故土，关心家乡经济建设。1992年，出于对家乡人民的关怀之情，将自己辛勤主编的16册约850万字的一套《延安文艺丛书》赠予中站区政协；1995年，金老还为《许衡轶闻故事集》题词赠言……

"为有牺牲多壮志""遍地英雄下夕烟"，这是伟大领袖毛主席《七律·到韶山》中的绝妙佳句，正应了金紫光老前辈胸怀壮志，为革命奋斗一生的经历。

金紫光革命先辈是英雄豪杰，他虽于2001年春在北京含笑而去，但老人家对革命、对国家、对人民的贡献却永驻家乡人民心田……

军旅记者靳思彤

1921年11月26日，军旅记者精英靳思彤出生在原籍焦作中站东王封家中。

他是靳思弼、金紫光的弟弟，在家排行第三。因自幼受两位革命哥哥的进步思想影响，他从在焦作读小学、郑州上中学起，就积极从事地下革命活动。

日本投降前后，他两次被捕。一是被日本宪兵队逮捕；二是日本投降后，被国民党三青团道清支部逮捕。两次遇难，均由其姻兄孟庆麟出资营救出狱。

1945年8月，他由太行15军分区保送到太行抗大六分校学习；后来，转入晋冀鲁豫边区北方大学教育学院历史系学习,校址后来迁至山西省潞城县黄碾镇高家庄。1946年毕业后，被分配到第二野战军七纵队骑兵团任政治干事。一、七纵队合并成一总队后，任政治宣传干事。

他1947年1月入党，4月调到晋冀鲁豫野战军人民战士报社工作。同年7月,在政治部委员邓小平、副政委兼政治部主任张际春发布的报社政治人员之中，他被任命为助理编辑，正式成为军队系统一名新闻工作者。作为随军记者，他经常下部队采访，随刘邓大军转战晋鲁豫前线。

1948年离开大别山，又随六纵队参加襄樊战役，并随第一梯队登城。之后，他又参加了淮海战役、渡江作战、解放南京等战役。

1949年初，他调回人民战士报社。不久，又参加了中国和苏联联合电影工作队。为深入生活，随二野进军西南，参加了成都战役。后来拍摄了《解放了的中国》《中国人民的胜利》两部大型彩色艺术片。之后，又调回西南军区人民战士报社，任编辑组长。

1952年初，他随杨白冰带领的"三反""五反"工作队，到上海市参加"五反"运动，并任卢湾区"五反"工作队队长，一年后归队。

1955年，解放军总政治部成立解放军报报社，他被选调为记者，曾随彭德怀到东南沿海采访。后来，调任成都军区《解放军报》常驻记者组长，并兼任成都军区新闻科长。之后，又被报社调到朝鲜中国人民志愿军总部，任特派记者，直到志愿军全部撤回祖国。在撤军前的一段时间里，他有幸跟随周恩来总理采访，《解放军报》发表了他的独家新闻、通讯和照片。

"文化大革命"中的1974年，报社总编辑胡痴被"打倒"，其中一条罪名是

"假党员"。胡痴是他的入党介绍人,他因此受牵连"也是假党员";后来又节外生枝,以莫须有的罪名被关押100多天后,被送到山西"五七"干校劳动"改造"。

"四人帮"垮台之后,他才被"解放"恢复记者生涯。其间曾被总政干部处借调,专门负责安排总部的转业干部。直到1978年,才正式调成都军区政治部,任战旗报报社党支部书记、副社长。1983年,离休后迁居北京。

靳思彤从事军旅新闻工作37年。战争年代里,他担任随军记者,在数十次枪林弹雨的大、小战斗中出生入死;在上述多次著名的战役中,在炮火纷飞下不顾生命安危,以笔杆子为武器,写出了大量鼓舞部队士气、反映战地生活的新闻、通讯、特写、散文、报告文学等作品,为中国人民的解放事业和保卫神圣领土,做了大量的鼓动工作,足迹遍布在那硝烟弥漫的血与火战场!

长期的战地新闻生活,使他积累了丰富的战地写作经验,他的许多佳作影响广泛,在新闻界享有较高的声誉。自从1955年加入全国新闻工作者协会后,他更加勤奋地从事军队新闻工作,除在军报上发表作品外,还在《人民日报》《新观察》等报刊上,以真名、笔名发表过不少重头文章。

靳思彤才华横溢,工作之余还创作电影剧本《金沙江的怒涛》、电影文学剧本《最后一期报纸》等。与二兄长金紫光共同主编的《伟大的长征》历史巨著,早已由陕西人民出版社出版。及至晚年,他拖着病体仍坚持工作,整理、出版了回忆录《伟大的长征》《征程随录》《外国人笔下的中国红军》;参与编写了《陈奇涵传》《刘邓大军史话》等。尤其感人的是他在88岁高龄,且多病缠身又眼力不济的情况下,硬是靠放大镜和惊人的毅力,花费两年的时间,写出了50多万字的鸿篇巨著《刘邓大军征战亲历记》。此书于2009年1月由中共党史出版社出版。

名老中医靳思信

1905年5月,靳思信在祖籍东王封村诞生,1973年3月与世长辞,享年68岁。

这位名老中医虽然仙逝40余载,但他的医德、医术和医风,却永远活在人们的心中。

2016年春节,东王封村靳古利先生,拿出了他20世纪80年代珍藏至今的从《焦作日报》副刊剪辑下的文章《山阳医家与书法》。现将作者王祖光的文章摘录如下：

　　毛笔字历来为中医师所重视，他们之中有许多人不仅医术高明，书法也写得很好。这些手书的脉案，既须要医理明达、文笔洗练，还须有清晰流畅的毛笔字。素笺黑字，铃上朱印富有雅趣。病家以此脉案配方赎药治疗疾病，延年益寿。而书法爱好者则搜存珍藏。因为一笺好的脉案，也就是一篇短小精悍的书法作品。

　　焦作医学界精于书道者不乏其人。如原王封乡老中医靳思信，就写得一手轻健飘逸的行书……

　　笔者曾多年当教师，常到靳思信老先生那里去看病。眼见得他开处方时手执小楷毛笔，写着流利的行书，一是敬佩；二是大饱眼福、精神享受！他诊脉仔细，断病如神。且并不多开药，一次三服药，一般就能病除。他的名气很大：远近都晓得"老靳先儿"的大名。然而，他没有架子，说话和气诙谐，大有儒医风范。有谁生了气被他诊到，定会耐心开导……总之，他的医术、医德和医风都高，令人终生铭记在心！

　　靳古利先生回忆的两件事，至今都令人肃然起敬——

　　一是为啥学医。靳思信老先生在十几岁时母亲有病久治不愈，多方求医。一日闻听几十里外的博爱有位名医，一般都能医到病除。但是，当他欣喜地慕名而至时，那医生却冷冷地说："路太远，没有马骑不行！"他救母心切，回家后到处借马，再次上门。好不容易把医生请到了马前，但因"没有上马石"而却步。想着重病的母亲危在旦夕，他就蹲在了马前。当先生的脚踩在他的脊背上时，那份屈辱难以言表。当即就想：回家后好好学医，学成后绝不端架子，当个老百姓，特别是穷人们喜欢的好医生！他做到了，终于成了名医！他一辈子谨守诺言，是人民心目中的好医生！

　　二是小钱治绝症。靳思信一心为病人着想，一般都能花小钱治大病。据靳古利先生回忆，最为典型的是东冯封村的那位病人得了顽疾，久治不愈，两家医院都判了"死刑"，推出了医院大门。回家后已经危在旦夕，家里人只好"死马当做活马医"，久闻东王封村的"老靳先儿"医术高明，就抱着试一试的思想将病人拉至。靳思信仔细诊脉，不让家属告知病情。诊断后笑着说："有病，但是能治，先开三服药吧！如若见效，再吃几服药就好了！"病家很是感激，没花多少钱就取了三服药。回家立马煎服，果然奇效！之后，又到他那里看了几次，病人竟然痊愈了！消息不胫而走，疑难杂症者络绎不绝来求治。他是有病必医，年逾花甲还不多想自己的身体健康。虽是名医，但因积劳成疾而未达耄耋之年，为国家和患病者造成了不可挽回的损失。悲哉,惜哉!

靳思信老先生没有离去,他将大公无私的医术留存了下来。

请看"百度网":

焦作市名老中医捐献【土单验方】集锦

治咳嗽、喘症

1. 治久咳嗽

生姜 枣 核桃仁 红糖各120克,枣去核共合捣碎,炒为末,每服15克。

2. 治虚劳咳嗽 (靳思信)

治肺结核

蛤蚧5对 白芨90克 白果90克 乌梅60克 川贝60克共为细面蜜为丸,6克重,每服2丸,白水送下。(靳思信)

治月经过多

海螵蛸60克 茜草15克 胶珠30克 黑地榆30克 川连3克 炙草3克 核桃硬皮 10个水煎服。(靳思信)

种子方

巴戟60克 寸冬60克 菟丝子60克 杞果60克 杜仲45克 沙菀子45克 川断45克 青盐15克 海沉香15克 五味子15克 甘草9克 炒薏米30克 小茴香3克 黄芪30克 蛇床子12克 仙灵脾12克共为细面,蜜为丸如梧桐子大,每日早晚各服9克,白开水送下。(靳思信)

二是祖孙三代顽强地延续着中医世家的生命力,仍在救死扶伤、济世行医。

靳思信有三个儿子,除了次子从政之外,长子尚齐、三子尚良都是远近闻名的著名中医。尚齐曾先后担任龙洞、王封卫生院院长职务;尚良退休前是王封矿卫生所的中医,退休后仍有许多患者慕名登门求医。他的孙子辈更是人才辈出:尚齐的长子小伙擅长中医,曾任王封乡卫生院院长、中站区政协委员多年;其三子花脸更是了得:不仅继承了父祖精到的中医,还合并中西医运用,现与妻子小萍共同打理东王封村卫生所,都是一专多能的"全科医生"。如此算来:全家三代共有六人从医——"中医世家"令人竖指称赞!

人民公仆靳思亚

已退休的县级干部靳思亚一生严于律己，勤政廉洁，两袖清风，被人们誉为"保持劳动人民本色"的人民公仆。

青少年时多磨练

靳思亚出生在黑暗的旧社会，长在红旗下，是共产党教育培养出来的干部。

1938年农历七月初九，靳思亚出生在东王封村一个贫苦农民家里。老实憨厚的父亲靳怀忠目不识丁，种地、下煤窑养活全家，尝够了没有文化的苦楚，所以，他还是尽最大的努力，将七岁的靳思亚送进了本村的小学堂。但是好景不长，父亲于翌年撒手西去，留下了他们母子、小妹和大娘孤儿寡母4人。他和父亲已是两代单传，因生活所迫，从小就得劳作。尽管天资聪慧、酷爱学习，但因经济紧张，只断断续续地读了七年半的书。

幼时的他尝遍人间艰辛。在不能上学或是上学时的节假日里，为了维持生计，小小年纪就割草喂牛、拾焦炭；年龄稍长就去砖厂背砖，到煤窑装车，受尽了苦难。

一次，他与邻居小伙伴到村东的煤窑拾焦炭，被穿着黑服装的护场者诬赖是偷煤的野孩子。不仅夺走了拾焦炭的篮子，还倒光了他们辛勤拾到的焦炭。气得他们直哭，回去哭诉给老人，也是毫无办法。只能叫那可恶的护场者"黑狗"！

当时，国统区生活贫困的农民缺乏必需的生活日用品。一是没有多余的钱；二是有了钱也难买到生活必需品。家里没有男人，十来岁的他曾两次偷偷地随村人到离村西南十几里路远的博爱县贵屯，去换生活日用品。他天不亮就起床，挑着两箩筐小炭、碣石，易物换回一些食盐、火柴等，累得要死要活。

到村东小煤窑装车可是个苦差事。那时设备落后，拉煤用的是铁轮马车；没有大磅秤，为买煤者称重得先装到盛六七十斤的筐里，称过后再倒入多高的马车厢里。装车本来是两个大人干的活，他们都是十一二岁的孩子，力气小，个子也矮，抬不起来。于是，只好两个孩子抬一边，四个人累得满身大汗、腰酸腿疼，才能把筐抬起来。这些孩子本来就很可怜，可绰号"绝户头"的煤窑二管家却恶恨恨地骂他们："胎毛还没干呢，就出来干活挣钱！"

穷人的孩子懂事早，肯养家。在上学时的暑假里，他和几位同龄人到李封下厂砖瓦窑，为窑主许祖会、许继发、靳古祥出苦力背砖瓦。这个活更是受罪。烧熟的砖瓦出窑时，里面热浪滚滚、烟尘呛人，火热的砖把脊梁烫得钻心疼。母亲心疼得专门缝制了个棉垫，才算少受了些苦。起五更、爬半夜，累死累活地干了一个多月，结果窑主靳古祥却东躲西藏地"黑"了他们的血汗钱！

空袭更是难防之灾。一次，他赶着牛到南地犁地。半路上突遇飞机轰鸣，忽高忽低地盘旋、发射炮弹，他吓得扭身就往村里跑。可没跑多远，飞机又在头顶响个不停。直到飞机远去才惊魂未定地返回家中。为防空袭和日寇、国民党反动派抓人，他们家北屋下面挖了地道，一有情况全院人急忙下地道躲藏。

社会混乱，豺狼出没，不时提心吊胆。一次，他和母亲在一起锄地，一只大青背狼朝他们跑来。母子们已经做好了拼斗的准备：手提石块、猛击锄头。那只狼闻声停步，稍停后掉头离去——他和母亲虚惊了一场。

那时候生活困难，别说吃肉，想要吃个白面馒头就是难事。一次，看到同学在校门口买白馍吃嘴馋得很，回家非要母亲买不可。母亲只给了他买半个馒头的钱。他吃后高兴地说："白馍真好吃，啥时候能让我吃饱就好了！"为了解馋，还和同学们在校外盛了水，在小铁桶里加入盐和洋葱煮着吃。

无钱理发，母亲给剪、剃，说起来挺心酸的。从他记事起，头发长了从没去过理发店，母亲不是用剪子剪，就是用剃头刀剃。一次，剃头很疼，他先是躲进厕所，接着又越墙逃跑。母亲紧追不舍，硬是从大街上把他拉回了家，还是给剃了个很难看的"茶壶盖儿"。

童年的苦一言难尽。正是这些沟沟坎坎的经历，砥砺了他顽强坚韧、勤奋刻苦的品格。

他中学时期的艰苦生活，是今人难以想象的。1953年9月，他和几个同学考入博爱一中学习。当时心里就想：一定要把功课学得最好，报答国家的关怀、母亲的养育之恩。由于家庭困难，每月享受4元钱的助学金。尽管如此，生活还是很苦。当时，学校离家30里路，没有交通工具，每周都要步行一个来回。不光是走路累，还要背着一周吃的干粮、咸菜。学校食堂凭餐证打饭，中午能吃上汤面条就很高兴了！

生活不好没有关系，总比小时候忍饥挨饿强得多。能够上当时博爱县最高学府的初中，心里就很知足了！为此，他发奋努力学习，主动为同学们服务。在博爱一中五班，他先是担任班里生活服务干事，后又当选为班长，担任校学生会体育部副部长，并且，两次被评为"三好学生"，受到学校的表彰与奖励。

假期回村，积极参加文体活动：篮球、田径、跳舞、拉琴，他都积极参加。

他与本村及市里学校回家度假的文艺爱好者们，组织了村文艺宣传队，演戏给村民、矿区的市民看，很受观众欢迎。演出的现代豫剧《应征前夕》，在全市会演中夺得了一等奖！他和靳家的古连、古用、古恩作为剧团的伴奏，开始是不懂谱的，除了经常在一块儿琢磨外，几乎每天下午都到中站大舞台看"解放戏"。所谓的"解放戏"，指的是剧团演到后来只剩两三场戏时，开门"放行"，没有买票者可以入内观看。他们不是去看戏，而是每人带了个小本子，在上面记录下了剧团伴奏的乐谱，回村后再聚议切磋，把好多豫剧的曲谱都摸索整理了出来。他们所以能够在全市会演中一举夺魁，跟这种勤奋执着、乐观向上是分不开的。

他的学生时代，就是在这样的刻苦勤奋、拼搏向上中度过的。无论学业成绩，还是各项工作，都是十分出色，为以后的漫长人生，打下了坚实的基础。

听党召唤当农民

靳思亚 1956 年初中毕业后，考入了焦作师范学校。正当他憧憬着教师梦、手持录取通知书准备到学校报到时，村干部登门劝他返乡，到高级社工作。当时正值农业合作化高潮时期，农村急需一批有文化、有抱负的年轻人。他闻讯与老人商量，毅然放弃了升学当教师的学习机会，回村当了集体农庄的秘书兼任村民校义务教师。所谓集体农庄，就是后来改称的高级生产合作社。他的这种选择，可谓"一颗红心，两种准备"——一切听从党的安排。

回村在高级农业生产合作社当了近两年的秘书，既要完成社里领导布置的工作，还得按时统计汇报有关材料。有时村民找他出材料、开证明或是办事，他都是热情接待、笑脸相迎，尽量把事情办好，决不让多跑腿。由于殷勤肯干，工作都做得过硬扎实，村里多项工作都位列全乡前茅。

他的事迹非常感人，被列为"知识青年在农村大有可为"典型，应王封小学领导邀请，现身说法为全校师生做了专题报告。

1958 年 9 月，他调任中站煤矿人民公社朱村管理区文书，兼统计员。11 日，光荣地加入了中国共产党。同年 12 月，赴郑州省计划统计训练班学习，业务知识大有提高。

1959 年 4 月，根据工作需要，组织上下派其回东王封村任大队长，又拾起了往日繁忙不休的农村基层工作。

靳思亚走到哪里都能够扑下身子、扎实苦干，还是那句老话：时刻听从党安排，党叫干啥就干好啥。

调任从政好公仆

1959年年底，靳思亚调到中共中站区委党训班工作，筹办党训班开课事宜。当时没有校舍，临时在区政府家属院未竣工的西排房里办公、上课。尽管困难很多，还是与同事精诚团结，举办了三期党员、干部政治理论培训班。其因出色的工作与能力，被上级机关看中。

时值1960年3月，靳思亚背着行李卷儿，走进了市委机关大院。到市委组织部干部科报到，暂时留在组织部办公室工作，等候组织分配，开始了他长达15年的市委组织部工作。

初到组织部，领导准备将其分配到"下放干部办公室"，因见其写得一手好字，领导就留其在办公室坐摊儿：负责转递党员组织关系介绍信，收取市直机关一些党组织缴纳的党费，负责全市党组织、党员、干部年终统计报表，接待来信来访，抄写有关文件等。所有这些，他都做得井井有条。后来又到组织科当干事，下乡、下厂调查了解党组织、党员情况，回来后向市委写出报告材料。写材料是他的专长，常常受到领导的表扬。

正当他一心扑在工作上时，1966年"文化大革命"开始了。尽管是"史无前例"，但他始终保持着清醒的政治头脑，不跟风，不"造反"，小心谨慎地做着自己的工作。其间虽受了不少委屈，但他相信：中国共产党是伟大的、正确的，社会终究会恢复稳定、纳入正轨。1973年，他被调到远距市区的丹河电厂任办事组副组长，直到1975年11月被调回市委工作。

1977年元月13日，经市委常委会研究决定，将他调任中共中站区委常委、革委会常委、办事组组长。1979年4月23日起，任中站区革委会副主任。1980年9月，在中站区第五届人大一次会议上，他当选为中站区副区长，同年10月，又当选为中共中站区委委员。

在中站区工作的7年里，虽工作岗位有所变动，但勤正廉洁的作风始终如一，工作多有建树。1982年7到9月间，为改善中站交通条件，方便人民出行，他负责筹集修路款，带领全区集资近10万元，修筑水泥路、沥青路7条，共计198420平方米。路况的改善，提升了中站区的环境档次。翌年，中站区破天荒地获得"焦作市文明礼貌月先进集体"光荣称号，受到了上级表彰。

中站区不是一级财政，必须事先编制预算，然后再报市财政审批后方可施行。这就给其分管的工作，带来了一定的难度。记得1980年之前，全中站区就只有一部北京吉普车；领导外出、下基层大都是步行、骑自行车。他身先士卒，从不例外。

1983年9月，他有幸参加了市委党校首期党政干部大专班脱产学习，直到1985年9月毕业。两年大专班的学习，使其整体素质大有提高：增长了阅历，提高了品位，扩大了视野，增加了文化历史、社会科学、政治经济、哲学等多方面的知识。由于珍惜宝贵的学习机会，他学习非常勤奋努力。1984年度他被评为优秀学员，受到了学校的表彰。

在市委党校毕业后，服从市委分配，于同年11月16日，他到马村区报到，度过了四个多春秋。工作尽心尽力，作风求真务实，与同事诚恳合作，较好地完成了上级交给的多项任务。

1989年底，他调回了离家近的中站区，先是任区党委委员，分抓换届选举工作；1990年4月至1998年3月，连任了两届中站区政协主席，真可谓是心情舒畅、工作顺利、事业有成，多项工作都位居于全市县区前列。

由于区委、区人大、区政府、区人武部的大力支持，区政协高举爱国主义旗帜，紧紧围绕党和政府的中心工作，积极组织全区政协委员建言献策，履行政治协商、民主监督、参政议政职能，为促进党政领导决策民主化、科学化，推进"两个文明"建设，巩固扩大爱国主义战线，做了大量的工作，得到了区委、区政府的称赞和肯定，1996至1997年连续两年被评为市级先进政协单位。他还在市政协组织的"焦作市94保险杯政协知识竞赛"中，荣获全市唯一的一等奖，受到了市委、市政协的嘉奖。

由于风清气正、业务能力强和作风民主、平易近人、工作深入，中站区政协一班人精诚团结、努力工作，各委工作都有较大起色。其中，区政协文史委在缺主任的情况下，他亲自领导、参与，与副主任张咸贞等编撰出版了《中站文史资料第一集·名人专辑》、《战斗英雄王忠殿》连环画册和《许衡轶闻故事集》等三种文史资料。其中，《许衡轶闻故事集》荣获"焦作市优秀文学成果一等奖"，并获得市"五个一工程"提名作品奖。这话说起来容易，做起来却很具体：他逐字逐句地为文稿把关、修改，并且写序、题书名。鉴于区财政经济紧张情况，他还亲自联系《战斗英雄王忠殿》连环画册的自筹资金、30000册图书在全市下辖七县四区的发行等具体事宜。《许衡轶闻故事集》的出版费，是经过多次磋商，从洛阳市枣园村一位许氏后裔企业家那里，拉来的25000元资金，走出了当时焦作市政协系统自筹资金搞文史的新路子。

他还十分喜爱书法。紧张的工作之余，他抽空泼墨挥毫，参加诸多赛事，并多次获奖：1994年，获"河南省档案书法大赛"一等奖；1995年，获"焦作市第三届老年书画展"二等奖；至于收藏奖、入展奖就更是多得数不清……

他从1956年9月积极相应党的号召，放弃到师范深造机会，欣然回到农村任民校义务教师，回集体农庄当秘书开始，到1998年3月年龄到站的42年间，始终是一颗红心永向党，时刻听从党召唤，党叫干啥就干啥。由于党性强、个人素质高和善于团结同志、合作共事，无论做什么工作都有声有色、走在前列。岗位变动多次：从农村、到县区、再到市委组织部，然后进电厂，又先后在马村、中站两区工作，都是难得的高品位人才。职务上：从无品级的民校教师、农村秘书，到基层政府，再升迁到市委组织部，直到后来的副县、正县级别。无论职务怎么变动与升迁，听党话、跟党走的信念意志坚定，坚持党性原则一如既往，保持人民本色的勤劳、善良、和善、节俭、清正廉洁作风始终如初。凡是认识他的人，对他的评价都是：难得的好人；共产党的好干部；如果干部们都和他一样，共产党内就绝不会出现贪污与腐败！为此，本书特入选当今中站区唯一的一位县级干部的故事，让广大读者知晓他的高风亮节。

在他的身上，体现出来的是只讲奉献、不讲条件的人民好公仆的形象。如果党的干部都这样一心为公、关心群众，群众路线自然就优，党的领导就会千年万年地长久！

廉洁自律好干部

说到靳思亚的廉洁自律，不是亲眼看到是不会相信的。

一是现仍家居农村，外边再无一处房舍——仍保持着农民本色。

他在领导岗位上干了几十年，不知道为多少人争取过分房指标，而自己却从未争过。

二是经常骑自行车上班。笔者自1990年春调到中站区后，至今已经见他骑坏了3辆自行车。他有专车，但在天气正常的情况下，他以"锻炼身体"为由，骑自行车上下班。有时，他会把车让给区政协有急事要办者，或是家居市里的副主席用。直至目前，年近八旬的他出门，仍然还是骑着那辆破自行车。别人说他：退休的正县级干部，偶尔向机关要一次车也正常。可他不，在中站地区总是步行或骑自行车；去市里办事则是坐公交车。他说："咱退休了，更不能搞特殊化！"多么朴素的老干部语言！是的，他保持了共产党艰苦朴素的优良传统！

三是关心爱护长他3岁、仅有初小文化程度的老妻。他对妻子怀有愧疚的感激之情。他说:"我之所以能够一心扑在工作上,是因为家里有帮我侍奉老人、抚养子女的贤内助!既然和人家成了一家,就要终生不渝地关心、爱护她!"

以前,他工作忙,没有更多时间照顾妻子。如今妻子早已成了老伴儿,更是关爱有加。老伴儿身体不好,请医问药、去医院是常事。退休后,他学会了做简单的饭菜。下午,他要练书法了,怕老伴儿寂寞无聊,就让她到街上去打扑克、散心、消闲。他在家里一边看书,一边看锅做饭。每当别人夸他时,他就会笑着说:"应该的,人家是俺家的功臣;少年夫妻老来伴儿,我希望她健康长寿!"其实,他身体也不好,心脏早些年就已经放置了五个支架!关心老伴儿胜过自己,多么闪光的思想,高尚的情操!

四是始终保持着节俭的生活作风。他工资不菲,但从不浪费。早年工作时就从不抽烟,很少喝酒。退休之后更是这样。衣服差不多都是孩子们买的,不挑捡,没说过不好。生活上,家常便饭一般化,从不挑食。好多人不理解他的简朴生活。他却说:"现在生活多好,比小时候忍饥挨饿强多了!吃穿过得去就行,不需要过多浪费!"有人说他"思想僵化",他却说:"这叫'保持优良传统'!"

身教胜于言教,他的四个子女,在其言传身带下,个个好学上进。

发挥余热退休后

在靳思亚的书法作品中,常常有这样的诗句:"老骥伏枥,志在千里""莫道桑榆晚,为霞尚满天"。是的,他是退而未休。正如他的书法诗句那样:

岁月流逝总无情,夕阳晚霞映山红。
淡泊明志心无愧,圆满句号划人生。

退休后,他主要干了六件事情,并且成效显著、结局圆满。

一是1998年3月区四大班子换届之后,他因年届六旬退了下来,有了充裕时间,就编审、出版了《中站区政协志》。除了认真审阅、修改外,还题写了书名,题了词,并写了《序言》。此志完整、全面而又翔实地反映了区政协1984年5月至1998年3月,他在任的14个春秋所走过的历程。旨在"知过去,晓今日,察明天",从而启迪后人,继往开来。

二是了却了几十年东王封村无有完整《靳氏族谱》的心愿。他与村"族谱编续写小组"成员一起,历时两年余,通过搜集零散的部分靳氏族谱史料,以及内查外访、约谈、回忆及反复磋商修改、多次仔细校对等一系列具体、繁琐的工作之后，终于在 2000 年 11 月出版了《东王封村靳氏族谱》。由于尽心尽力和工作细致，《靳氏族谱》受到靳氏族人们一致好评，周边村庄闻讯购买、借阅、借鉴，纷纷修撰、续写各自的族谱。

三是组织、带出了村民太极拳优秀团队。靳思亚居住的东王封村，村民们平时没有什么文体活动。随着社会的进步，农村人的自我保健意识加强了，逐渐兴起了防病、健身热潮，早起有村民晨练、散步或是跳舞等活动。退休后有了时间，他想：我们焦作是太极之乡，世界著名，咱不能"墙里开花墙外香"吧？于是，他选择了太极健身运动。为了动作规范，他坚持月余每早凌晨骑自行车到离家五六里远的中站法院，参加那里的团队习练太极，先后系统、标准地掌握了 24 式简化太极拳及 48 式太极拳的动作要领。为了让更多的村民练太极健身，他从中站法院练功点聘请了退休的原中站区法院院长申兴印，到东王封村教练太极拳和广播体操，学习者有 20 多人。2001 年，他又邀请从浚县返回东王封娘家探亲的老闺女靳桂明，传授了 32 式太极剑。为了系统、全面地学习太极功夫，又请本村的靳克田、许凤琴教习演示。还得到退休返乡的原焦作市新华书店副总经理靳古恩热情支持、无私奉献，使得习练人数逐渐增加到四五十人。除了学会广播体操之外，还学会了 24 式、42 式、48 式太极拳及 32 式太极剑、武当太极剑、中国功夫太极扇。由于人数众多、坚持练功和学得标准，不少城乡爱好者慕名求教，纷至沓来。2001 年 6 月，中站区举办全区首届太极拳大赛，东王封村获得了总分第一名的优异成绩。荣誉激励了练功者。从此，东王封村太极拳练功规范化：无论盛夏酷暑，晨练从未间断过。东王封村的这支团队出了名：无论是春节、元宵节还是"三八"妇女节，还是市、区组织的有关比赛，村里的这支团队，总能拿到好的名次。

四是区关工委的工作卓有成效。从 1991 年 6 月 10 日中站区关心下一代工作委员会（以下简称关工委）成立起，他就兼任区关工委主任，直到 1998 年退休。退休后的 2000 年，中站区委委托区老干部局正、副局长陈循刚、周爱梅，多次到家里请其出山，继续到关工委工作。加之市关工委执行主任杜永年等领导亲临其家中做工作，真是盛情难却。于是，于同年 11 月出任区关工委常务副主任，主持日常工作。直至 2014 年秋年届 76 岁高龄时，才多次申请，辞掉了这个职务。

在此之前的 2012 年，为向青少年进行爱国主义教育，弘扬革命英雄主义、大无畏精神，特意选择了王忠殿壮烈牺牲 50 周年纪念日的 11 月 20 日，区关工委发起并与区老干部局、区妇联、教育局等多个部门联动，邀请王忠殿生前战友杨志成、张作义、李保镇等，在焦作四中作了"王忠殿烈士英雄事迹报告"，号召全校师生以英雄为榜样，发扬优良传统，时刻准备报效祖国。

之后直到2013年，为纪念国防部命名王忠殿为"战斗英雄"光荣称号50周年，又责成关工委成员娴征，撰写了《战斗英雄王忠殿》传记体读本。出版的1000册书，发至全区学校班级和社区、农村，使得这位从中站走出去的战斗英雄王忠殿的事迹家喻户晓，人人皆知。以这个身边的英雄为榜样，很具有说服力、亲和力，收到了很好的教育效果。对此，《老人春秋》关工版曾有过专题报道。

他任中站区关工委常务副主任、执行主任、主任14年中，领导区关工委一班人同心协力、配合默契地开展着扎实有效的工作。加之中站区委、政府的重视、支持，以及市关工委的指导，中站区关工委的各项工作，得到了长足的进步与发展，跨入了市、省先进单位行列：2005年和2010年，中站区关工委两次被评为"全省关心下一代先进集体"，为中站区的关心下一代工作赢得了荣誉！2002年12月、2005年8月和2010年10月，他曾三次被评为"省关心下一代先进工作者"，2008年还获得市级"关爱楷模"光荣称号。

他的先进事迹引起了媒体的关注，2009年3月13日，河南省《关心下一代报》在"领头雁"栏目中，以"靳思亚的关工情"为题，报道了他的先进事迹。

他的先进事迹引起了领导的重视，2009年9月，他被省委组织部、省委老干部局授予"全省离退休干部先进个人"荣誉称号。

这一大堆的荣誉，是对他工作的最好总结，也是对其退休后继续发挥余热、积极奉献，画上了圆满的句号。

退休后又工作了14年虽然辛苦些，但乐在其中。事业辉煌，晚年奉献颇丰，做到了老有所为，老有所乐，离退休老干部们的楷模名副其实，当之无愧！

五是自觉为村里工作出谋划策，当参谋、做顾问。退下来之后，更加眷顾生他养他的故土东王封村，时刻关注村里的建设与发展，及时反映情况，主动提出想法与建议。他真是德高望重：他在村上靳氏中辈分最高，加上所提意见、建议合理、及时，所以，村民尊称他为"族老"，村干部尊重他为"顾问"。东王封村关工委聘他为"顾问"，把他当成了"高参""顾问"，重大问题总要先征求他的意见。对此，《焦作日报》曾载文赞扬他和村上的离退休老干部是："东王封村有个顾问团"。以他为首的这个"顾问团"，可没有少做工作。

第一，落实了革命先驱靳思弼的有关事迹。

事由简要回放：靳思弼是东王封村人，1925年加入中国共产党，曾任共青团河南省委书记。1929年被捕后，其父亲、舅父筹资打通关节，欲救他出狱。反动当局要他写"悔过书"后就可出狱。不料被他断然拒绝：共产党人为了天下劳苦大众翻身求解放，何罪之有？宁可把牢底坐穿，也不会如此出狱！之后，他仍在狱中积极开展革命活动，1931年初被国民党反动派残忍杀害。临刑前高呼革命口号，年仅28岁。

几十年来，因其牺牲较早，通过组织落实这位英烈的事迹、追认革命烈士的工作久办未果。为了告慰英灵忠魂，村里以靳思亚、靳古恩等为首的一帮老干部，协助村党支部积极开展工作。他们多次跑汴京、上省城、进北京，多方查找档案史料，取得靳思弼证明材料，终于在烈士英勇就义75年后的2007年9月2日，河南省人民政府追认靳思弼为革命烈士。村两委还在其墓前树碑立传。

第二，化解矛盾，解政府之难，妥善平息村民对靳氏先祖靳德茂墓出土重要文物保护风波。2007年5月，在动迁先祖靳德茂坟墓时，墓道里发掘出元代文物83件。一时间，轰动了周边与东王封靳氏后裔。村民执意要把文物留下，群情激奋，一场恶性事件迫在眉睫。在这千钧一发的紧要关头，村两委召开了紧急会议。他与几个退休的老干部力陈上交国家的好处，村两委很快采纳了他们的意见，形成了共识。之后，在文物即将运走、靳氏一些后裔聚众阻拦时，他与几位老干部多次耐心做工作，终于使83件重要文物顺利运走，受到了市文物部门的好评。

第三，多方奔走，申报先祖靳德茂墓为省级文物保护单位。功夫不负有心人：2008年6月14日，靳德茂墓被河南省人民政府公布为"省级文物保护单位"。之后的2009年12月，又积极协助有关部门，申报"第七批全国重点文物保护单位"。

第四，协助村两委，建起了"东王封村史绩馆"。为弘扬英贤精神，发扬优良传统，承前启后地教育后代，他做了大量有益的工作。与有关人员一起商讨版面设计、切磋展出内容等，还亲自笔写了馆名。"东王封村史绩馆"搞得很好，吸引了远近无计其数的慕名拜谒、观赏者。

第五，成功举办了"纪念靳德茂诞辰八百周年"大型活动。作为筹委会"顾问"的他，帮着筹划献计出力。于2010年4月3日，成功举办了数万人参与的纪念活动。事后，还撰文、编辑、出版了《纪念靳德茂八百诞辰专辑》。由于策划精到、图文并茂、印制精良，很受读者与家族欢迎。

以上仅是他的主要工作，其中不少都是在病中完成的。多年来，他是位"三高"亚健康者。一边服药治疗，一边不停闲地忙碌着。从上述所做的这些工作看，哪里像个年近八旬的半病老者？是一心为党和人民办事的思想在支撑着他的精神！

六是自费著书立说，总结、激励自我；留给后世子孙传家墨宝。在此方面，主要做了三项工作：

第一，出版了书法专辑。靳思亚平生第一大爱好就是毛笔书法。退休后有了充裕的时间，他更是勤练不辍，只要不去医院、开会等，每天都要练习。在他工作时就善于阶段性总结，对于书法也是这样：在经过两年多时间的悉心收集、整理、选择、集锦之后，于2010年5月出版了《靳思亚书法作品》。书中选取了其不同时期的真草隶篆等各种书体，展现了其一生的书法进程与重大突破。由于作品上乘、设计精良、装帧精致和平时在书法界的影响，这套书早被书友求赠得所剩无几。《焦作晚报》"晚晴版"闻讯，还索要一册，随即就登载了他苍劲有力的"积健为雄"草书。

这里还要说的是，他对书法情有独钟，有着孜孜不倦、顽强进取精神。在《靳思亚书法作品》集出版之后，在市、省及全国的各项赛事中，他多次获奖，是他"业精于勤"的结晶。其中，2011年10月，在全国"纪念辛亥革命100周年全国书画大赛"中，他荣获了书法作品"金奖"，被大赛评委会授予"辛亥革命百杰书画家"荣誉称号。

第二，出版《平生漫记》总结人生，激励后人。《平生漫记》是他2013年6月的新作，是他对自己一生的总结，饱含着对党、对社会的感激之情，以及对事业、对家庭的负责精神。图文并茂地展现、总结了其各个人生进程中的主要经历、切身体会、思想感受、经验教训等，是一部难得的做人、做事的"百科全书"，许多人纷纷求索。

第三，2015年5月，他将这些年来撰写的诗词、歌谣收集在一起，冠名为《歌吟集》，包括感悟人生、纪念庆贺、风水宝地、园丁心曲等多方面的内容。意在铭记历史、把握现在、开创更加美好的未来，此书已于2016年5月出版。

他的一生就是这样：从不沾公家的光，更不会有贪污、受贿等腐败不法行为。用他的话说：问心无愧，活得坦然。让我们用一首诗，作为对其一生的总结吧——

勤政廉洁公仆情，艰苦朴素好传统。
拒腐防变两袖清，人民本色座右铭。
终身不负糟糠妻，一处居所老家中。
非己不受心无愧，坦荡胸怀乐其中。

画坛巨匠靳尚谊
据《靳煌文化》第一期文增删

靳尚谊1934年12月16日生于今河南省焦作市中站区许衡街道办事处东王封村，孩提时就常与小朋友一起临摹连环画中的人物形象。由于对造型的特殊敏感，他画得既准又像，大家纷纷供给他纸笔。不几天，他的画就贴满了教室的墙壁。正是这些不成熟的绘画作品，表露出了他的绘画天赋，成为他日后走向艺术之路的先导。

靳尚谊的外婆家在北京，小学毕业后的1947年，他考上了北平私立"九三中学"。九三中学的美术老师水平很高，所以靳尚谊爱上这所中学。美术老师看靳尚谊画得不错，就特别器重他。他呢，也特别愿意上美术课，成绩优秀。1949年，他考入在北京艺专和华北大学美术系的基础上建立的中央美术学院。从此，靳尚谊与之结下了不解之缘。

1953年，作为中央美术学院的首届毕业生中的佼佼者靳尚谊，继续在本校绘画系油画专业读研究生。

1955年，他参加了苏联著名油画家、两次斯大林奖金获得者马克西莫夫教授在中央美院开设的油画训练班。这段学习生活，在他看来收获比较大。1957年，油画训练班结业后，他留校在版画系教授素描。就在这年，他的毕业创作第一幅革命历史画卷《登上慕斯塔格峰》，在中央美院"毕业生作品展览"中展出。

1959年和1961年，他分别创作了中国革命博物馆定画《送别》《十二月会议》。1962年，调回油画系第一画室（吴作人工作室）任教。1964年，创作的油画《长征》（原名《踏遍青山》），在全国第三届美展上展出，影响较大。1965年至1977年，先后创作了《毛主席在庐山》《毛主席在炼钢厂》《毛主席作<目前形势和我们的任务>的报告》以及《女青年》《陕北青年》《北国风光》等一批油画作品。

1978年，靳尚谊被任命为油画系副主任和第一画室负责人。1979年，随中国艺术教育考察团出访西德，至波恩等7个城市的艺术博物馆及艺术院校考察观摩。回国后，创作了《舞蹈演员》《归侨》《拾玉镯》等，绘画风格有较大变化。这年，他创作的《小提琴手》在本院教师作品展上展出。论文《素描练习的步骤与方法》，发表于《美术研究》1979年第2期上。

1980年，中央美院油画系恢复工作室制，他主持第一画室工作。创作的《青春》《雕塑家》《恩》，在全国"第三届油画研究会展"上展出，荣获优秀作品乙等奖。同年，又在吉林省长春市举办了个人画展。

1981年，创作的《画家黄玉生》在《光明日报》举办的专题性美展上展出，获优秀作品奖。他还创作了《维族老人》《维族女医生》《塔吉克小姑娘》及风景画《牧场》等。

1982年，他考察美国西部各著名艺术博物馆，参观了旧金山美术学院、奥克兰美术学院的美术教学，并在纽约市立大学东方艺术系讲学。

1983年，他的《自然的歌》《塔吉克新娘》《鲁迅》在本年度"中央美院教师作品展"上展出。4月在郑州举办了个人画展。5月，他回到故乡焦作，举办了个人画展，共展出油画50幅、素描20幅，是其在全国各地的写生和部分创作，多数是人物肖像，也有少量风景写生，誉满山阳，赢得了很高的评价，全市人民称之为"家乡的骄傲"。在故乡期间，他还特地参观了焦作市新华书店首次举办的"全国年画展"，并鼓励说："这在全国也是首创！"

当年5月14日，《焦作日报》第1版，发表了靳尚谊挥毫手书的"祝：焦作市繁荣昌盛，乡亲们生活幸福，美术工作者取得更大成就！"5月15日，他又回家乡东王封村看望了阔别多年的乡亲们，并与村干部和部分乡亲合影留念。这年，靳尚谊任中央美术学院副院长。

1984年，他创作的《瞿秋白》，在"全国第六届美展"上获得银奖，被中国美术馆收藏。创作的《青年女歌手》《凝静》，在本年度"中央美院教师作品展"上展出。《蓝衣少女》和《塔吉克新娘》在日本名古屋"现代中国油画展"上展出后，被收藏家收藏。

1985年，他创作的《果实》《三个塔吉克少女》《青年女歌手》，在日本"友好现代美术馆"展出。

1986年，创作的《高原情》在中国美术馆"中国当代油画展"展出；创作的《窗下》，在本年底的"中央美院、鲁迅美院油画系教师作品联展"中展出；创作的《孙中山》，获1986年全国最佳邮票设计第一名。中国美术家协会油画艺术委员会成立，他被聘为委员。1987年，他创作的《医生》在上海"首届中国油画展"上展出。当年，靳尚谊任中国美术学院院长职务。《塔吉克新娘》在苏联"中国油画展"上展出。

1988年，他的油画《瞿秋白》，在日本"现代中国优秀美术作品展"上展出。他参加了由文化部主办的"全国油画教学讨论会"。

1987年，他被聘为第七届全国美术展览会评委。

1990年,他的《高原情》等3部作品,参加了新加坡举办的"中央美术学院油画雕塑作品展"。

1991~1992年,油画《沉思》先后在"首届中国油画年展""香港第一届中国油画年画展"上展示。

1993年,他为东王封靳氏先祖靳德茂(煌)画像。

1994年,油画《画家》参加第二届"中国油画展"展出,赴俄罗斯西行美术考察,与列宾美术学院设立校际关系。

1995年,油画《小松》等作品,参加"中央美院油画系教师作品展"。12月,先后赴台湾参加两岸美术交流与发展学术讨论会,并赴澳大利亚考察美术教育。

1996年,他的油画《晚年黄宾虹》参加"中国首届油画学会展",他担任展览评审工作。

1997年,他的作品《医生》《黄宾虹肖像》《青年女歌手》《瞿秋白》,在"中国油画肖像百年展"上展出。11月,参加中国文联第五届代表大会,他当选为中国文联副主席。

1998年,他出访美国,考察纽约、旧金山等城市。8月,担任"中国国际美术年——当代中国油画、山水风景画"评审委员。9月,在中国美术家协会第五次全国代表大会上,当选为中国美术家协会主席。

2009年5月1日,靳尚谊又专程回到焦作,参观了云台山景区,并到故乡东王封村看望了父老乡亲。

2009年12月,靳尚谊荣获"新中国成立以来感动焦作人物"崇高荣誉。

靳尚谊长期从事美术教育工作,在培育人才上付出了极多心血,做出了突出贡献,是一位深怀理想、努力践行的油画家、艺术教育家。他现任全国政协常委、国家艺术教育委员会主任、中央美术学院学术委员会主任、中国美术家协会名誉主席;曾多年担任中央美术学院院长和国家文联副主席、中国美术家协会主席等职,享受国务院政府特殊津贴。

老来作画不为钱

根据《老人春秋》2014年第2期上半月"人物春秋"首篇整理,有增删

今年81岁高龄的靳尚谊,老来还在顽强绘画。他如此勤奋,是为了诸多的追求,并非为钱——他不缺钱。

一是为了捐赠,让全民共享。

2013年11月16日，中国嘉德秋季拍卖会在北京国际饭店举行。在当天举行的中国油画及雕塑专场拍卖活动中，靳尚谊的油画作品《塔吉克新娘》以8510万元人民币成交。近日，笔者有幸采访了他。深色的毛衣，花白的头发，清瘦的脸庞。靳尚谊精神矍铄，坐在书房的沙发里，平静安详。他说：退休后做了三件事：思考、画画、与学生及同行交流。他早已从中央美术学院院长和中国美术家协会主席的职位上退休。虽然保留着全国政协常委和中央美术学院博士生导师的身份，但已经清闲了很多。每周除了阅读和思考，能保证有3天时间画画，两天时间与博士生交流。他还是画得很慢，一幅作品改来改去仍不满意。

靳尚谊的画作越来越受到收藏界的关注。从20世纪90年代起，他就把最好的作品陆续捐给各地美术馆。他唯一的要求是：接受捐赠的美术馆能够让画作受到很好的对待和展示。据有关拍卖部门统计：靳尚谊超过500万元拍价的作品有10件，超过100万元的作品达到40件。这样一位身价如此高的画家，在国庆六十周年前夕，向中国美术馆捐赠了油画、素描等艺术作品39件，成为画界一段佳话。

刚退休时，有人建议他办培训班，一是可以培养人才，二是可以收费。他拒绝了。靳尚谊认为：真正的画家需要对艺术真热爱、真追求。靠画画发财挣钱的人很多。人的欲望无止境，钱财再多也不够用。他自己对钱不是很在乎。他觉得一般生活能够过得去就可以了。很苦的日子也过过，吃不饱的日子也有过，改革开放以后好多了。现在生活很不错，工资比较高，光吃饭根本花不完。再说，钱财这东西生不带来死不带去，拥有再多钱也是一天吃三顿饭、睡半张床。他认为捐赠才是艺术品最好的归宿。好的东西应该献给国家，艺术要为人民服务，让更多的民众欣赏、享受。

靳尚谊的书房面积不大，门口的架子上堆满了CD，既有京剧，也有交响乐。画累了，就听听音乐，有时跟着碟子哼一段京剧。他的退休生活丰富而充满乐趣。冬日的阳光，透过玻璃窗满满地洒在窗台上。靳尚谊老人坐在窗前，凝视窗外的风景。前方的沙发上横放着一张他钟爱的肖像画的复制品；背面的墙上则挂着一张古雅的中国山水画。此时，他就是一副山水画的名人、名作，安详而淡定。

二是在继续创作中总结成功经验，辟出中国油画发展捷径。

首先是勤于思考。当了14年中央美术学院院长，做了10年中国美术家协会主席的靳尚谊，在强调观念与创新的当代艺术兴起后，油画创作该怎样走出自己的路？这是他一直思考的问题。

靳尚谊认为观念每个人都有。西方进入信息化社会，出现了一个新品种叫"观念艺术"。"观念艺术"不是画，它是装置、影像或是其他。一堆垃圾一摆，加上个题目就是"艺术"。这跟传统意义上的绘画是不一样的。"观念艺术"太个人化，没有其他标准，只有创新一个标准。学生问：要不要学？他说：这就看个人的艺术喜好和追求了。创新是一个很广义的词，艺术中的创新就是找到自己的风格，个人的东西在里边体现一点点就不得了。靳尚谊说："现在的人差距非常大，想法很不一样，知识面也不一样，很多争论毫无意义。我们普通人不用太参与这些争论，只要做好本职工作就行。画油画是要按油画的规矩标准来干的。你首先要把素描、线条、色彩等最基本的技法练扎实，然后才能创作或创新。"

谈到自己的成长，靳尚谊强调："我的成长历程跟别人不一样。"他出身于书香门第，小时候喜欢临摹连环画，画得既准又快。由于对绘画的特殊敏感和爱好，在填报大学志愿时，北京的一位亲戚认为新成立的中央美院是公费学校，适合经济困难的他。于是，他就考上了该校。当时的院长是徐悲鸿，而学校基础课主要是素描与深入生活训练。靳尚谊学得很认真，以致这两科奠定了他后来成为画家的基石。毕业后留校任教，在版画系教授素描。但真正让他在油画上找到感觉的，是进入马克西莫夫指导教学的油画训练班（简称"马训班"）。这段学习，纠正了他以往很多认识上的误区，为油画创作打下了坚实的基础。

深入生活、体验生活，并在此基础上进行教学研究与创作，是靳尚谊这一时期努力的方向。他开始选择的是毛泽东视察黄河。当时正修三门峡水库，他到工地深入生活，收集了很多资料搞构图。但是，构图都不太好。导师认为画得不够理想另有原因，建议他先画另外一个题材。从《登上慕士塔格峰》开始，靳尚谊陆续通过《送别》《我们的朋友遍天下》《毛主席半身像》《十二月会议》《长征》《开国大典》《毛主席在庐山》《北国风光》等革命历史人物肖像画，展示了他的艺术才能和用艺术反映社会现实的抱负，从而跻身于新中国培养出来的第一代油画家行列。他创作的"红色题材"系列作品，在当时就具有广泛的影响，时至今日仍给人们留下深刻的印象。他的许多名作，就产生于这个时期。

其次是让个性成为风格。靳尚谊善于向同行学习，向身边人学习，在生活中不断悟道，探索艺术真谛。他对自己的每一幅画都反复思考，认真构图，仔细润染精益求精。他喜欢"扬州八怪"，喜欢"八大山人"，曾受教于吴作人、孙宗慰、李宗津、董希文等油画家。不仅受到师辈们人格精神的感染，同时也接受了他们扎实的艺术教育。在绘画技法、写实观念、中西文化探索方面，做了有益的探索。中国画和油画是两个体系，他从中国画里汲取好的东西，融入到了油画创作里。他的《画僧髡残》《八大山人》，都是在做水墨画和油画结合的实验，但有一个原则：就是不能变成中国画，还得像油画，又得有一些中国画的元素在里头。

靳尚谊的油画善于继承中国画的优良传统，在艺术创作上超越现实，表达理想又较好地进入自由抒发境界。以《塔吉克新娘》为标志，中国肖像油画翻开了崭新的一页！学界认为：靳尚谊的这幅作品，兼容了古典风格、理想主义精神与民族文化气质，这一评价并不为过。他在古代文人艺术的大写意作风和抽象意味中，寻找着个性的东西。

20世纪80年代初，靳尚谊就开始潜心研究中国油画发展的路子。他认为：油画艺术虽源于欧洲，但无论在中国还是在欧洲，都有一个继承和发展的问题。要想攀登艺术高峰，就必须在吸收大师们营养的同时，立足于民族的土壤。中国的油画艺术，必须以西方油画为基础，同时，把中国的水墨写意和油画结合起来，形成中国的油画风格。《青年女歌手》被誉为新古典主义的重要代表作。作品以平光造型，选用了三角形构图，背景是宋代山水画大师范宽的《雪景寒林图》，营造出一种情景交融、典雅宁静的艺术之美。

对靳尚谊来说，油画的技法比题材更为重要。他力求在更完美、更深入地塑造形象与空间的过程中，研究法国学院派的绘画传统：采用细腻柔和的笔法和灰褐色调，在造型上比苏派传统更为凝重和含蓄。靳尚谊以他个人对油画的偏爱，进行了一场静悄悄的革命。因为苏派的技法并不是一个单纯的存在，而是用于表现描述性的政治宣传内容。这种技法在中国延续了近30年，本身已成为社会现实主义的象征。他的美术作品不仅是他个人心路历程的印记，也反映着亲历者的感怀。看作品《青年女歌手》，不禁让人想起达·芬奇的《蒙娜丽莎》。画中人物质朴安静，扎着简单的马尾辫，眼神泛着光彩，这也是该幅画最具魅力的地方之一。这幅画不仅能够显示作者深厚的造型功力与熟练的绘画技巧，更是最能显示作者捕捉人物性格特征的过人本领。通过色调的把握、虚实结构的控制，处理得天衣无缝，使典型环境与典型形象达到空前的统一，并让其个性成为风格。

靳尚谊早已是画坛泰斗，还这么执着追求着，实在令人敬佩不已。他的捐赠是无私之举，全民共享观念。他的创作具有承前启后重要作用，他还虚怀若谷地敞开心扉、虚心融合、中西合璧，致力于中国油画登上世界之巅——是中国画界的泰斗、向导、诲人不倦者！

拜访靳尚谊

2014年4月19日发表于《焦作日报》山阳城版

拜读无计其数遍《老人春秋》去年2月上半月刊的《靳尚谊：老来作画不为钱》，仍然是爱不释手地常看。再看那期封面上和蔼慈祥的照片，除了当年的青丝被岁月霜染之外，老人家平易和善的神态依旧。本来，每到这柳绿花红、燕舞莺歌的仲春时节，珍藏在记忆宝库里四次拜访靳尚谊的情景就会涌上心头，愉悦和窘情也会随之袭来。尽管，二十余载的岁月流逝，加上古稀年龄对记忆的剥蚀，好多往事都已淡忘，但唯有拜访靳尚谊的事，却印象深刻得记忆犹新。他的画价值连城，但他作画的确不为钱，而是浓郁的乡情，无私的奉献。

1992年4月，我在焦作市中站区政协文史委任副主任。为给《中站文史资料》"名人专辑"组稿，与靳尚谊祖籍的东王封村秘书靳古用以及区政协办公室主任张忠，共赴北京拜访中央美院靳尚谊院长。

最初，当区政协主席靳思亚下达这个任务时，我心里有些发怵：中央美术学院可是教育部直属的唯一一所高等美术院校；靳院长又是教育部美术教育司的司长！人家职显品高，乐意见咱这"刘姥姥"吗？我老公闻言笑道："你是不了解啊：靳尚谊稳重得像个大姑娘似的，说话总是面带笑容，没有一点儿大人物的架子！再说，小学时俺都在他们村上学，他妈吴佩兰是俺老师，他弟靳尚诚是俺同班同学。见面要问：'小宽'（靳尚诚乳名）好嗷？"

老公的话壮了我的胆。于是，随即列好了谈话提纲，记下了中央美院校址及靳院长的联系电话。

初次拜访靳院长，是在北京王府井大街东边校尉胡同南端西侧的中央美院（原校址）。那早阳光明媚，已有些初夏的热意。我们三人八点多钟刚在中央美院门口站稳脚步，门卫就两脚并拢行了个军礼，然后电话联系了校长办公室。门卫放下电话后笑道："昨天就安排好了——院长在，请吧！"

院长办公室在南边的楼上。靳院长亲切地与我们一一握手。看到这位新中国成立之后，中央美院继徐悲鸿、江丰、吴作人、古元之后的第五任院长如此亲切、平易，感动、敬佩之情难以自已！

我们正聊得开心，一位为"纪念中央人民政府副主席宋庆龄百年诞辰"（宋副主席生于1893年1月27日）约画像者已经到了学院门口，被他电话"婉言谢绝"了。我们有点儿过意不去：靳院长这么繁忙，还耐心与我们交谈、合影，为我们找资料、拿画集。靳院长"一诺千金":他已经答应了家乡人,要为祖宗义务画像!我们互递眼色"谈话结束",小心翼翼地收好资料,才依依不舍地谢绝了他的午餐离去。

第二次拜访靳院长是在他家中,真正步入了绘画瑰宝的殿堂!一本本精美油画集令我们三人目不暇接、爱不释手。他已经步入了中西画珠联璧合的独特境界,为祖国的绘画事业立下了不朽功勋!无意间,我们看到了那个已经镶嵌在框里的绝伦美女画像,竟忘情地惊呼:"哇!这不是歌唱家彭丽媛吗?比在电视上看到的还要漂亮,东方'蒙娜丽莎'当之无愧!"靳院长从容笑答:"啊哦,没想到音乐造诣竟这么深!"这件事令我们终生遗憾:太激动了!竟忘了拍摄下来!

第三次求助靳院长已是仲秋。为节省经费,我只身进京。那时没有手机,领导要求"经常汇报",只能到街上去打电话。但公用电话是"投币",纸币不行,找了几个商家都不换零,连买小东西找钱都不干。无奈,晚上到靳院长家去换。他笑着说:"啊哦,忘告诉您了!"说着随手拿起桌子上那个酷似笔筒的存钱罐,倒出了一堆1元硬币。我不好意思数,放桌子上20元钱道谢离去。令我没想到的是:他厚道得执意不收!我穷窘至极啊——至今都感到难为情与歉疚!这个"人情债"令我终生难以偿还!

第四次登门更显我"傻得不透气"!那次,我拿了编辑过的《中央美院院长靳尚谊》书稿,以及在京的多位前辈进京"核实""征求意见"。临行前,我们靳主席叮嘱:"顺便把俺老爷靳德茂(煌)的画像给带回来。"我当时虽已40多岁,但思想简单得如同"毛头小子",爽快地答应了。到了靳院长家里,真是有生以来大饱眼福!我围着放在地上、已经镶嵌好的、东王封村靳氏祖宗靳德茂(煌)的画像转了好几圈儿,老祖宗的眼神始终在炯炯有神地看着我!这大概就是传说中的"活画"吧?我这人最大的毛病就是"忘情",傻了似的转看个不够!靳院长不愧是温尔文雅的画界巨匠,很有涵养地耐心等待着。最少欣赏了半个多小时吧?我才不好意思地收住了脚步,说出了"带回"祖宗之事。年已58岁(1934年出生于祖籍东王封村)的靳院长闻言笑得很是开心:"小张,您知道'我祖宗'值多少吗?"我是个"四肢发达,头脑简单"的人,从未考虑过这幅精品油画的价值,茫然地摇摇头。靳院长伸出了两个指头,我不敢贸然答话。心想:两千"大洋"吧!幸亏我没敢张口。靳院长接着说:"至少200万!""哇!"我忘情地惊呼起来。在那个年代里,这可是个天文数字!我傻站在那里,脑神经像触了电似的。靳院长示意我坐下,然后仍旧笑着说:"您'带着'俺老爷,上下车甚是不便,也很不安全——我甚至担心您们难以到家啊!这样好不好?回去转告村上:让派专车来'请'……"我涨红着脸听着,随着这条思路想着,竟然忽略了后面的话。等到"征求意见"时,我窘迫地打起了"哈哈"。

回到单位之后,当我把靳院长的话学给靳主席时,他也笑得很是开心。可能是觉得欠妥与唐突吧?我不好意思问。

就在这年的腊月,东王封村派专车"请回了"靳家老爷的画像。在此之前的11月18日,《中站文史资料》"名人专辑"出版。看着书上那张初次见面时在中央美院院长办公室我们四人的合影,以及靳院长个人照和他带研究生在丽江竹筏上观景写生的照片,我激动得第一时间就寄给了靳院长——哪怕是为了几次拜访的乡情,还是欠债的窘事。

这么多年以来,我一直被靳院长的崇高精神、精湛画艺感动着。退休以后,我上了焦作市老干部大学书画班。每次展览之后,只要有人想要我的书画作品,我都慷慨答应,已经送人40多件:这是为了学习靳院长捐赠的无私奉献精神。但我实在是涂鸦而已,还需要更加刻苦努力。

靳尚谊回乡探亲

我国当今油画大师靳尚谊,2016年10月23至26日回乡探亲。在有关方面的精心安排下,圆满完成预期日程,愉快地度过了充实忙碌的四天文化之旅。社会各界为之轰动,到处洋溢着亲情、乡情、友情和欢迎人群的热情与激情!

靳尚谊1934年12月在祖籍河南省焦作市东王封村出生,是元代太医院副使(序正三品)靳德茂的远世裔孙。1953年在中央美术学院绘画系毕业后留校任教,先后担任中央美术学院院长、中国美术家协会主席、中国文联副主席、国务院学位委员会艺术组评审委员、国家教育部艺术教育委员会主任等职务。现任中国美术家协会名誉主席,全国政协常委,中央美院博士生导师、教授,是我国美术界集创作、教学、学术带头人于一身的油画大师。

大师与家乡人血脉相连,亲手为先祖靳煌(靳德茂)画像。大师精湛高超的绘画技艺,谦逊和善的人品魅力,勤奋无私的捐赠精神,都赢得了家乡人民的爱戴与崇敬。市、区、村干部们进京办事,总要到大师家中拜访、看望,并转达乡亲们的想念情谊,邀请大师回乡探亲。这次大师与胞弟靳尚诚回乡探亲,是焦作市财政局局长程玉国和东王封村党支部书记靳有利全程陪同——他们从2016年

10月22日早上到北京接上，一直到26日送回家中。

听说大师回乡，东王封村人像过大年、迎接贵宾似的整修道路，移除街旁堆积物和大扫除，全村规整得洁净靓丽。

雨水难以阻隔家乡人对大师的浓郁亲情。23日一大早，中共中站区委副书记张红卫、宣传部长宋瑞敏及党办主任马建军，携该区文体广新局的局长们，乘坐班车赶往焦作迎宾馆。同车迎接的还有东王封村党支部书记靳有利、族老靳思亚和老干部靳克田。

更多者是闻讯自发欣然赶到的热情家乡人。23日早上，远在市区的焦作日报老年摄影记者樊家富就赶到了东王封村，和预先约好的、年逾古稀的影友靳克刚等会合等待。市报老年记者的我，带着撰写的靳德茂传记书稿，以及已经出版的《许衡传》《许衡轶闻故事集》等3本书和《赵庄边村儿童团》连环画册及照相机前往。因腿疾和雨急还打了的。焦作十四中退休老校长、书法家许昭恩慕名而至，十四中退休多年的高级美术老师赵兴中，一早就被他的学生、中学美术教师靳大明等专车接了过去……雨中摩肩擦踵的迎接人群里，还有许衡街道办事处主任马志强等基层干部们的身影。众人等候的热情，汇成了诚挚的亲情、乡情、友情与激情！

大师回归故里，各级领导非常重视，媒体聚焦关注。

为家乡栽下幸福树——靳尚谊回乡探亲记
——大河文化网通讯员许来伟报道摘要

10月23日秋雨绵绵。早上9时，一辆中巴车缓缓行驶到中站区许衡街道东王封村委会门前还没停稳，冒雨等候在村委会门前的乡亲们就涌向车前。靳尚谊老人和胞弟靳尚诚激动得连连握手、问好。

人们簇拥着老人刚踏入村里挤满人的史绩馆就深情地说："我从小出去，今朝回来看到大家格外热情，心里非常温暖！东王封村是生我养我的地方，我忘不了抚育我成长的家乡，感谢父老兄弟对我的热情接待！"瞻仰史绩馆中央神龛里自己创作的先祖靳煌（靳德茂）画像，老人回忆道：原画"文革"期间遭毁，这幅画是凭着当年的记忆，再现了先祖靳煌（靳德茂）原来风貌的。大厅右侧，一群来自全国各地的艺术家们正在泼墨挥毫。大师特意观看了是来自北京的粉丝，靳氏著名书画家耀华、靳军、启标、保中等的作品。

靳耀华先生说："这次来河南焦作参加我的母校老校长、老本家的故乡之旅，现场创作的山水、墨竹二幅作品，得到老爷子的指点非常高兴！这幅靳老亲自绘制的先祖画像，蓝本是明代工笔重彩的，当年靳老又画了一幅，只可惜两幅画像都在'文革'中被毁。这幅画像是老爷子根据脑子的记忆，于1993年重新绘制的。"

靳老与书画家们亲切握手，勉励大家要当好文化传播者。

在村委会议室里，靳老与欢迎的乡亲们亲切交谈。座谈会上，书记靳有利向老人介绍了家乡的变化和取得的成就，老人听着、笑着，频频点头。

座谈会后到了新建的靳煌文化园。老人瞻仰了靳氏英贤陈列展览，冒着细雨亲手在展馆大门前栽下了一株幸福树（银杏），并兴致勃勃地与随从参观的群众合影留念。离开靳煌文化园时，靳尚谊弟兄深情地将一块老式怀表，交给了退休老干部靳克田，托他转交给在焦作市实验小学上学的自家孙子靳祖铭。

在靳煌陵园里老人说："我小时候常跟父母来靳家老茔上坟、玩耍，看到如今修建得这么好倍感亲切！"靳书记告诉他："先祖墓道前些年出土的元代车马出行仪仗队的83件彩绘陶俑是国宝，这座墓园已经是省级文物保护单位了！"老人赞赏家乡人保护先祖墓园和文物，并携乡亲们为先祖靳煌（靳德茂）塑像敬献花篮；还和胞弟靳尚诚雨中认真观看了祖父靳观志的墓碑。

出了墓园一路参观。随行的中站区委副书记张红卫、宣传部长宋瑞敏及文体广新局局长郭凌等，介绍车窗外在建的中站区和美小区三期工程时，老人为家乡的巨大变化兴奋不已！大师返回市里途经中站区政府大院时，区委书记王付举及五大班子要员早就等候着欢迎，并亲切与之合影。

靳尚谊先生母校行（摘要）

大象网 焦作视频 刘海岑 报道

焦作市实验小学是所百年老校，始建于1916年。其间虽经8次搬迁、17次更名，但还是坚毅地一路走来，等候着耄耋校友、著名画家靳尚谊的归来。靳尚谊1941至1946年在该校前身的修武县县立第四小学、焦作矿区职工子弟小学度过了品学兼优的小学时期。

秋雨瑟瑟，气温骤降。2016年10月24日下午15时30分，焦作市实验小学全体师生，迎来了杰出的校友——靳尚谊。老先生面带微笑，精神矍铄，见人就打招呼。在校长王思明的引导下，参观了冬韵楼4楼的校史馆。馆中记载的百年校史中，有老先生上学期间的一些资料，往事历历涌上老人心头。

靳老在少先队活动展板前，接受了学生献上的红领巾，并欣然在校友留言簿上题写"优美教育、优美人生"办学理念，还与校友代表合照留念。

靳老还参观了孩子们的艺术世界——花艺坊，聆听了国医课，欣赏了学校老师为他做的剪纸作品"回家"；观看小记者们在《焦作日报》上发表的美术作品和校报《合欢报》时笑容灿烂。学生们兴高采烈地为靳老奉上了100幅自画的笑脸。

90分钟的母校之行短暂而又丰富多彩，留下了无尽的精神财富。

徐衣显会见著名画家靳尚谊（摘要）
10月25日，河南省人民政府门户网报道

2016年10月24日下午，焦作市委副书记、市长徐衣显，会见了回乡探亲的我国著名画家靳尚谊，就促进文化产业发展进行深入交流。市领导秦海彬、杨娅辉、贾书君、王建修、田立杰等一同会见。

徐衣显代表市委、市政府，对靳老回乡省亲表示热烈欢迎，简要介绍焦作经济社会发展状况时说：靳老是焦作的骄傲！希望靳老一如既往地关心支持家乡的建设与发展——特别是用国际的视野、创新的思维，帮助家乡按照市场规律走好文化产业发展之路。

靳老表示：愿意为焦作经济社会的持续健康发展献计出力。

又据腾讯微博报道：10月26日，焦作市委书记王小平会见靳尚谊，关切地询问了身体状况和创作情况，热烈欢迎他回乡探亲。王书记说："焦作拥有丰厚的文化内涵，文化产业发展潜力很大。希望靳老常回来看看，多为家乡走好文化产业发展之路谋划。"

河南理工大学召开靳尚谊先生学术报告会
据河南文化网报道（摘要）

2016年10月25日上午，"靳尚谊先生学术报告会"在河南理工大学报告厅举行。该校建筑与艺术设计学院的师生们，带着预先拟好的疑问题目到会。

会上，靳老首先畅谈了学术与创作。之后，耐心而又坦诚地解答了师生们提出的问题。鼓励大家要静下心来，去除浮躁，扎实练好基本功，用才智加快"中国梦"成真。事后，该院院长陈兴艺告诉记者："大师的学术报告和疑难解答，对于学院培养人才和师生的创作，都有重要的意义！"

一尊铜像　雕塑大师情怀

2016年10月25日14时30分，焦作太极体育中心内，挤满了焦作文艺界的名人，大家期盼着著名画家靳尚谊大师报告。焦作市委常委、宣传部长贾书君，主持这场欢迎靳老回家的焦作文艺界座谈会。

靳老客观地评价了焦作油画艺术家们呈上的作品，勉励大家要脚踏实地、再攀高峰！

座谈会后，靳老获赠薛骏猷雕塑的《艺术人生》铜像时幽默地说："这件作品挺像我，很喜欢！这属于古典型作品。但中国油画与铜像雕刻一样，也有许多未解的难题。"一句话把大家都逗乐了，焦作文化大课漾溢在笑声之中——

秋雨情绵绵，秋风爽飒飒。大师探亲之旅暖化了乡愁，暖热了家乡文化的今天，点亮了焦作文化产业发展的明天！

高级教师靳尚诚

靳尚诚在北京五中工作了一辈子，是中学数学高级教师。

1941年1月11日，靳尚诚在焦作出生。他是原中央美术学院院长靳尚谊的胞弟。

靳尚诚1952年考上了北京大佛寺小学6年级，1953年9月到1959年7月，在北京五中读初、高中。1959年7月毕业后，考入武汉水利电力学院，后因病回到北京家中。

1960年3月，他到北京五中当数学代课老师，一年后转为正式教师。他这一干就是30年——直到2001年退休，2002年离岗。

从1960年暑假开始，他开始业余读北京广播电视大学，1965年暑假毕业。

1983年，他带的高三班级，高考获得京、津、沪地区状元；1985年被评为中学数学高级教师。

在担任班主任的20多个春秋里，他多次被评为"优秀班主任""教育先进工作者"。1984年，他获得了"北京市优秀班主任"光荣称号，并获得了"先进教育工作者"奖章！

紧张的工作之余，他积极撰写心得体会、教育论文。1984年，应海洋出版社主编约稿,与本教研组 3 位同事,撰写出版了 22 余万字的《初等数学解题思路》一书。这部全套 3 册的辅读教材,填补了中国数学解题思路的空白。

他还获得多个荣誉称号。如"北京市东城区优秀共产党员"等。退休前是北京五中工会主席。

靳尚诚在北京五中工作了一辈子。北京五中是高级中学,位于北京市东城区细管胡同 13 号,始建于 1928 年 5 月。1961 年,因教育教学质量优秀被市政府定为市重点中学,2003 年 11 月,被批准为北京市示范高中。学校高考升学率多年达 100%。近些年来,考取清华、北大的毕业生保持在 30 到 50 人。2003 年高考中,文科 96.67%、理科 96.06% 的学生,都考上了重点大学。其中,20 位考取了清华、20 位考取了北大。

该校荣誉很多:被北京市政府授予"首都文明单位标兵"称号,北京市教委"全面育人、办学特色"先进集体、"文明校园"、"德育先进集体"、"教育科研特别奖"、"中小学科技活动示范校"、"电化教育优类校"等;教育部基础教育司授予"劳动技术教育先进学校"等荣誉称号。这都有靳尚诚的一份功劳。

武林魁首靳尚超
根据靳古用素材整理撰文

武林魁首靳尚超先生,是焦作市中站区东王封村人,生于 1886 年,卒于 1943 年。少时家贫,无资求学,致使终生文盲。

先生自幼酷爱武术,尤喜拳术、剑术和武功对打,十八般武艺样样精通。他很注重练功:冬练三九,夏练三伏,功底十分扎实,远近颇有名声。

1924 年,他赴开封国术馆打擂。一路所向披靡,直到最后决赛,与山东一身材魁梧大汉争夺冠军。由于胆壮、善谋和武艺高强,只战几个回合,就将对手打倒在地,夺得省级擂台冠军。获得了冠军证书和镶金檀木奖杯;还获得金柄七星剑一把,柄镌"魁首"二字。他受到了冯玉祥将军的亲自接见。

先生习武为的是弘扬祖国尚武精神和强身健体、防卫安全,从不在人前卖弄功夫。夺冠回来之后,在武术爱好者的撺掇之下开馆授徒。他对生徒的招式都严格要求,教习武功时总是言传身带。他的轻功很是了得:一个"旱地拔葱",就能跃上八尺高台;力大无穷:只要稍一用力,便将一根擀面杖粗的铁棍抻直;"墙上挂画":纵力一跃,便把身体紧贴在墙壁之上……

先生爱国忧民，恨透了倭寇、列强。抗日战争时期，常常为自己一身武艺难以为国所用、为民解恨闷闷不乐。一次，日寇攻山"扫荡"，抓先生为脚夫，令其上山挑水。先生抓住机会，暗中周密筹划，在挑水途中借着朦胧月色瞄准敌人，抡起扁担就打，一连结果了三个鬼子的性命！大灭了侵略者的威风，大长了国民的志气。

先生虽是满身武艺，但终因英雄无用武之地而常年以下煤窑为生。一天夜里，他下班回家时，肩负着百余斤重的大炭一块。途中觉有青背狼尾随。待那狼近时，遂转身一脚将狼踢死。由于用力过猛，肩上又有重负，一声还未"啊"出，就已元气大伤。回到家中竟卧床难起，一连三日吐血不止。一代武魁就这样离世，享年仅有57岁。

军界元老靳尚江

军界元老靳尚江，原名靳洪，1920年8月在家乡东王封村出生。

1937年，热血青年靳尚江就参加了革命，翌年8月加入中国共产党。

日寇侵华的滔天罪行，激起了正读高中的他和同学们的愤慨，他们组建了救亡剧团，通过文艺形式声讨日寇，唤起民众。他被同学们选举为团长。

1937年隆冬12月份，他到山西晋城的华北军政干部训练所学习。后历任晋城牺盟会特派员，自卫队中队指导员，牺盟干校教员，保安队政治部教育科长、宣传科长，决死三队政治部组织干事，轮训大队中共党支部书记、指导员，太行三分区轮训大队政治文化主任委员、巡视组组长，太行七分区辉县大队副政委，八分区沁博敌工站站长等职务。

抗日战争时期，他带领根据地军民坚持"反扫荡""反清乡""反蚕食"斗争，使敌人"囚笼"阴谋破产。

1940年，他带领决死三纵队轮训大队的学员们，参加了著名的"百团大战"，战果辉煌！

1944年，他在敌工站工作期间，冒着生命危险做敌伪和社会上层人物的争取工作，促使两支伪军大队起义。他和战友们还打入国民党警察机关，出色地保护了一批革命同志、爱国志士。

解放战争时期，他担任《军政建设报》编辑和山西军区政治部宣传部部长等职务。作为党的喉舌，发表了许多脍炙人口的揭露、控诉敌人罪行的文章。在山西省文代会上,他当选为山西省文学艺术界联合会执行委员。

总之,他浴血奋战在抗日战争、解放战争的前沿阵地上,以及敌人的"心脏"里,为新中国的成立立下了汗马功劳!

但是,天有不测风雨:1948年,部队整党时受极左思潮冲击,他被错误定性处理。

新中国成立之后,他任华北军区政治部干教科科长。1965年12月,他由部队转业到第二轻工业部政治部任办公室副主任。

党的十一届三中全会召开之后,北京军区政治部为其落实了政策:撤销了1948年对他的错误决定,并予以彻底平反,恢复了他对党无限忠诚的政治名誉。

军委嘉奖靳尚淮
根据东王封村委会素材整理撰文

靳尚淮是创投精英靳海涛之父。1928年农历十一月二十八日,他在家乡东王封村出生,是一位德高望重的军界"老革命"。

1945年,他进入太行军区八纵学习训练。1947年3月,进入抗日军政大学参谋系学习,毕业后任太行军区见习参谋。同年,光荣地加入了中国共产党,调太行军区四分区任侦查参谋、作战参谋。

其间,参加过大小战斗数十次,并多次获奖,荣立过二等功一次。

1947年到1950年,先后在四十七团、独七旅、平原省军区任参谋。

1951年,先后调华北军区、北京军区军事科学研究处及北京军区军训部工作。在此期间,曾先后就读于南京军事学院、石家庄高级步兵学校,丰富了军事知识、作战经验。

1964年,全军大比武时,他任训练大队队长,因训练有功,受到了中央军委的嘉奖。

然而,就是这样一位军事高端人才,"文革"期间遭到了林彪同党的迫害,于1970年降职,到山西省沁县任武装部副部长;1972年,又调任东南军分区作训科科长。1975年病逝。

雾霾散去红日当空,"四人帮"被彻底粉碎,扫进了历史的垃圾堆!

虽然,靳尚淮没能看到自己平反昭雪,但九泉之下定会含笑长眠!

经济泰斗靳海涛

根据《靳煌文化》第 1 期 2015 年 5 月 8 日文撰文

他！2007 年中国创业投资家 10 强；2008 年中国最佳创业投资家；2008 年中国十大创业投资家；2009 年 CCTV 年度经济人物。他就是全国著名经济人物、创业投资家、深圳市创新投资集团有限公司董事长靳海涛。

靳海涛祖籍河南省焦作市中站区东王封村。1954 年 2 月出生，中共党员，华中理工大学工学管理系硕士研究生毕业，经济师，国家科技部科技经济专家委员会专家。

61 岁的靳海涛看上去年轻阳光，充满了活力。他的人生阅历，实在是一部红色经典。

1969~1976 年，他任解放军 24 军班长、文书、新兵营党支部书记。

1976~1991 年，任国营电子工业部 761 厂办公室主任兼书记；中国管理科学研究院行为科学研究所所长助理。

1991~1993 年，他任中国电子工业总公司系统工程局综合处处长兼计划处处长、中国电子工业深圳总公司经理及总经理助理。

1993~2000 年，任深圳赛格集团公司董事、常务副总经理兼党委副书记，深圳赛格股份有限公司副董事长兼总经理，国发投资管理有限公司总经理；兼任日照港股份有限公司独立董事，广州珠江实业开发股份有限公司独立董事，深圳市特尔佳股份有限公司董事。还担任深圳市创优同业工会会长、深圳市投资商会副会长，深圳市金融顾问协会分会长和温州市投资协会名誉会长等职务。

截止 2009 年 6 月，靳海涛领导的深圳市创新投资集团，累计投资的 220 多个项目中，上市企业达到 39 家；2007 年，公司投入的 40 多个项目，投资额超过 11 亿元；2008 年，全年实际投资项目 58 个，投资额超过 13 亿元。他也曾为家乡的多氟多化工有限公司投资 8 千万元。在全球经济危机的重创背景下，2009 年其新增加投资项目，仍然达到 15 个。

靳海涛指出："我们国家是一个以传统制造业为主的国家。在传统制造业领域中，消耗能源、牺牲环境、拼劳动力占了相当大的程度。所以，我们面临着经济结构、产业结构和产品结构的调查任务。创业投资在这个过程中，应当承担这个责任：要发展的、创新的、高科技的、新模式的运行。"

在靳海涛眼里，他喜欢的新兴产业有8类：自主创新的高科技制造业，传统产业转型的企业，互联网的应用企业，文化创新产业，连锁服务企业，新型农业，新型能源与环保产业，创新了的商业模式企业。

靳海涛有近30年的投资管理、投融资和资本市场运作的丰富经验，为中国经济的发展做出了重要贡献！也为家乡的经济发展，做出了很大的贡献！

播撒文明靳古恩

靳古恩在中国共产党创建的、毛泽东主席三次题写店名的新华书店，连续工作了45年。

由于出身革命家庭和终身职业的影响，他多次在一些会议上发言时说："我这一生最热爱的是中国共产党；最崇敬的是毛泽东等老一辈革命家；最喜欢的事是努力播撒文明，宣传共产党，讴歌革命家，歌颂新中国，赞美新生活！"

靳古恩1940年5月出生于河南省焦作市中站区东王封村。中共党员，大专学历，高级经济师职称。

他在1956年初中毕业后，因家贫放弃了保送上师范的机会，由中共焦作市委文教部分配到市新华书店工作。历任仓库管理图书中转员、进货员、教材发行员、业务股长、门市部主任、业务科长、副经理等职务。在漫长的45年中，他以图书发行、传承文化为己任，钻研业务、爱岗敬业、忘我工作、无私奉献，为党的新闻出版事业和全市民众的精神文明建设，做出了卓越的贡献。他高度认真负责：一年多时间，向10个书店转出10万余件图书，无一差错。

他开拓前进无止境。首先是把发行工作做在出版前，这使他在全国、全省名声鹊起。其次是改革年画发行，开创全国先河。他连续6年成功举办全国年画展，促使年画发行量逐年增大。焦作市新华书店在全国地级市中，唯一荣获全国年画发行奖。三是尽最大努力做好收书、图书代发运工作。将出版社安排在焦作的7家印刷厂的1.523亿册图书教材，及时发运至全国1840多家新华书店——代发工作一直是全省先进。四是为促进图书发行，他找市委宣传部，又协调市教委、市文化局等有关单位，起草印发文件、报告、总结、联合通知等1260余份，有力促进了图书发行工作。五是亲自撰稿，代表焦作市新华书店，8次在全省、4次在全国图书发行大会作上典型发言、介绍成功经验，受到领导的好评，同行们的赞成！

追求卓越是他一贯的作风。因为焦作新华书店的各项工作走在前列，他曾21次获得市、地、全国荣誉。连续5年被焦作市人民政府授予"劳动模范"；被中共焦作市委授予"优秀共产党员""优秀宣传干部"称号；1997年，被评为河南省新闻出版系统"先进工作者"，并破格破例地评为全省新华书店"优秀经理"；1998年，被评为"焦作市十大新闻人物"和"焦作市捐书赠书先进个人第一名"；1999年，获得"全省教材图书刊物发行业最高荣誉奖"；2000年，中共焦作市委又授予他"图书发行特别奖"。

他通过编撰日历、台历传承文明，提高其知识性、可读性。他自编出版了31本"知识台历""知识日历"，共计在全国发行500万余册。走出了一条日历、台历发行的创新之路。他为焦作的图书发行赢得了先进称号、崇高荣誉，以及全省同行的赞誉；他将成功经验作为宣讲材料，多次受邀在全省新华书店干部培训班上讲课、传经送宝。

他不是专业的新闻工作者，却在新闻媒体发稿近600篇。他撰写的《党和国家三代领导人为新华书店题词 领袖挥毫 光辉永驻》，在《中国图书商报》整版发表后，全国出版系统报刊纷纷转载，为此，新华书店总店领导给予了很高的评价。

他不是专业作家，却先后编辑出版了《纪念毛主席为新华书店题词二十九周年》《纪念毛主席为新华书店题词三十周年》两本纪念册。实属罕见！

为纪念毛泽东同志诞辰一百周年，他编著出版了专题知识台历；为庆祝中国共产党成立八十周年，他编著、出版了《在今天的日历上——党史知识》台历，收载了从建党前的1918年，到2001年7月1日的党史资料2531条，出版社给予了高度评价，期刊《社会与法》2009年第10期，为他出版了个人专辑，收录文章11篇。

他的典型事迹引热了媒体的关注。为学习、弘扬他的工作创新、无私奉献精神，全国多家新闻媒体、出版单位，都用较大的篇幅宣传、介绍他的先进事迹：《河南新闻出版报》《中国专家人才库》《中国书刊发行群英谱》等，都收编了这位"新华人楷模"的事迹——他成了全国图书出版发行界的名人！

靳古恩将火红的青春，献给了祖国的新闻图书出版发行事业，晚年更是绚丽多姿！

2000年，他退休回到了家乡东王封村，开始了新的征程：

一是与退休老干部靳思亚、靳克田一道，组织了本村太极拳队伍。他无私提供音响,按时播放、收回保存,极大地方便了村民的晨练。

二是积极协助村两委组建东王封村关工委,并担任执行主任,为全村青少年身心健康成长,做了大量有益的工作。使得东王封村的此项工作,走在了全区的前列。

三是自费开办家庭图书馆,存书满满的 10 大柜、近 2 万册,借阅逾 10 万人次。

四是不失时机地播撒文明种子。为纪念开国领袖毛主席诞辰一百一十周年,他在自家大客厅内举办了 500 余册书籍和画(塑)像的纪念展,并亲自讲述。引起了省、市、区媒体和领导的高度关注。为庆祝中国共产党成立八十五周年、九十周年和焦作新华书店创建七十周年,其分别在东王封、中站区举办了红色藏书展;为祝贺中站区老年活动中心正式投入使用,其在现场举办了个人藏书展;党的十八大胜利召开激荡着他的心,年逾古稀的他专门到距离自家 15 公里处的河南理工大学,住校举办了 13 天的个人"红书收藏展览"。每天他都要在展厅接待参观者和巡察、讲解、拍摄,每天忙碌 10 多个小时。其播撒的文明种子轰动了社会各界、全校师生,取得了对青少年、全民进行优良传统教育的良好效果。6000 余人观展后,都不约而同地敬佩、赞叹,观众在留言簿上写道:"宣传党的伟大,精神可贵!"展览刚一结束,他又整理、编辑成每张图片均有解说的《纪实摄影集》,以备保存或供有关人员查阅。

为形象真实地歌颂新中国、赞美新生活,他用镜头捕捉美景,记录历史真情,曾先后 5 次在农村举办个人摄影展,活跃了农村文化生活;还协助中站区关工委、民政局举办摄影展。他的 86 幅作品,在省、市、区影展中获奖;300 余幅作品在书报、刊物上发表;他还整理、编辑了 80 余本《纪实摄影录》,收入照片 7000 余幅。

他还协助中站区关工委编辑、出版了《情系下一代》等 3 本图书、画册;参与编辑由河南人民出版社出版的《魅力中站文化丛书》人物卷、历史卷,撰稿 21 篇;协助东王封村拍摄、撰稿、编辑、出版了《靳氏族谱》《庆祝靳德茂墓定为省级文物保护单位纪念册》《元世祖忽必烈太医靳德茂诞辰八百周年纪念辑》等书。河南人民出版社高度评价:称《元世祖忽必烈太医靳德茂诞辰八百周年纪念辑》,"一个最基层的农村,能够编辑出这么高质量而且还具有重要历史价值、特别是文物价值的书,在出版史上实在少见!"

三年中,他行程八千里,调查取证,为 1928 年任共青团河南省委书记、1931 年英勇就义的靳思弼正名,使之被省政府批准为"革命烈士";他还撰稿在书报、刊物上宣传烈士事迹；他拍摄照片、找有关领导，协助东王封村申报元世祖忽必烈太医靳德茂墓为省级文物保护单位，保护了我国元代珍贵出土文物83件。

他积极参与、组织村民晨练、健身活动13年之久；为80余人写材料、找领导，解决了他们的退休工资、被扣工资、困难救济等问题。

靳古恩工作时是大红人、大名人，退休后又成了关心下一代工作的大红人、大名人！从2005年起，他的关工情在省里出了名：同年11月，他作为关心下一代工作的"五老"典型，随焦作市"关心下一代工作巡回报告团"，在市内和部分县、区介绍经验，得到了领导、与会者的肯定与赞誉。

靳古恩是一位被五彩光环笼罩的人，干什么都要干出个样子，到哪里都是桂冠诸多，近些年来就有："中站区十大先进新闻人物"，市、区"关心下一代工作先进工作者"等，直到他去世后的今年3月，他的长女靳秋霞还接到通知，领回了"2014年度全省离退休干部先进个人"荣誉证书。

写到此处，不由得百感交集、热泪盈眶：靳古恩一生都扑在党和国家的事业上，晚年又学习摄影——为了摄影，他先是投资20000余元，购买了影像设备；之后又是连明彻夜地剪辑、整理、冲洗照片——他是累病的！

如若他非是这么勤奋，或许死神不会这么早就"光顾"！东王封少了靳古恩，许多图片都难以得到！

这位终生播撒文明种子的贤能，永远活在人们敬佩、感激的心中！

超群拔萃靳克田

仲谦文，有改动

1939年2月8日，靳克田出生在东王封村一个贫苦农民家里。中华人民共和国建立以后，在党的培养教育下，他从一个放羊娃，逐渐成长为农村基层干部；他牢记党的宗旨，心里想着群众，工作积极扎实，科学地苦干实干，高标准要求自己：觉得自己应该干事，就应该干好事；一步一个脚印地成长为优秀的国家干部。在一个个平凡的工作岗位上，做出了出群拔萃的非凡业绩。

在东王封大队工作的10多年里，无论是当共青团支部书记，还是当中共党支部书记，工作都做得非常出色，多次受到上级的表扬、嘉奖。

1959年11月，受党组织委派，他任东王封村孤山水利工程工地指挥长。他身先士卒带领150多名村民，奋战在工程的第一线。他发明的空中作业运输线，大大减轻了劳动强度,加快了工程进度,受到焦作市孤山水利工程总指挥部的通报表彰。在全市各工程单位推广应用他的发明后,效果非常显著。他所领导的东王封村工地,荣获了"中站人民公社安全竣工红旗奖"。

1963年担任东王封村大队党支部书记后,他带领村民开荒造田180余亩;建成标准化高产田500余亩;为扩大灌溉面积,又带领全村人修建水利工程:将李封煤矿所排之水变废为宝,并为之修建了三四公里长的地下河道,把水引到了村南的耕地里,使2000多亩靠天吃饭的耕地,实现了旱涝保收,粮食产量迅速增长,从而使东王封这个依靠吃国家统销粮的贫困大队,一跃跻身于"河南省先进农村"行列!

1966年,上级任命他为王封公社党委副书记。1970年,他临危受命,到当时全公社的"老大难"单位——许家坟知青农场蹲点。经过一年时间的艰苦努力,硬是把这个被人称为"人无吃食,马无草喂的不毛之地",治理成了富裕、康乐的全市先进单位。

1973年,在修建连接中站城市和乡村的东王封村东石河上的"工农桥"时,他担任修桥办公室主任。仅用了8个月的时间,就保质保量地修成了一条高标准、现代化的大桥。创造了焦作修建地方桥梁的奇迹,受到了市革委的表扬。

1975年,市革委任命他为焦作市革委会小煤窑办公室副主任,主持日常工作。在他的领导下,经过多方努力协调,顺利地从新乡地区煤管办收回了煤炭管理权,使焦作的地方煤矿列入了省计划的统筹安排:每年争取到计划内钢材100多吨;木材100多立方。焦作市煤炭由省计划外调畅销,促进了地方煤矿和经济的极大发展。

1979年,焦作市郊区群英水泥厂由于无原料来源、产品滞销外债累累,工人失业闹事,企业濒临倒闭。是时组织上任命他到该厂任厂长、党支部书记。他以厂为家、吃住在厂里,与职工一道艰苦奋斗。用了3年时间,使这个厂起死回生,产值连年翻番,成为焦作市第一家由地蛋窑土法生产,变为机械化立窑生产的地方小水泥厂。

1984至1993年,他先后担任山阳区工业局局长、经委主任、民政局局长。其间,区办企业从原来的2家,发展到了6家,使区办企业进入迅速发展的最佳时期;一改以往福利彩票摊派,形成商业市场运作模式,使销售额猛增,轰动了全市!山阳区民政局也因此连续3年,被评为全市"先进单位"。他本人荣获"焦作市优秀政法工作者"称号。

靳克田的一生,虽工作岗位多变,但忠于党、忠于事业的美德始终未变。这位泥腿子干部，他干一行、爱一行、精一行，不仅为国家创造了宝贵财富，从中也体现了无限的自身价值：勤奋、实干、创新、奉献，是超群拔萃的实干家和指挥员。

焦作的音乐世家

根据《焦作日报》记者王龙卿通讯整理撰文

在焦作，只要提起靳永义的名字，人们就会问：是"音乐世家"吧？问得有些道理。东王封音乐世家很是出名，是媒体的热点。

2011年2月12日，《焦作日报》记者王龙卿发表了题为《音乐世家新春欢乐多》的通讯。文章如是说——

今年春节，中站区许衡街道东王封村靳永义家十分热闹。远在上海交响乐团工作的儿子，带着女朋友回来了；在新加坡华乐团的胞弟靳世义，也打来电话，向大家拜年问好！

靳永义是音乐世家。其父靳古孟曾是东王封村学校的音乐教师，擅长拉京胡、唱京剧。在他的影响带动下，几个子女也都喜欢上了音乐，并全是成就非凡。

靳永义目前是我市民间艺术家协会副主席、唢呐协会会长。唢呐已经吹了40多年。他先是从师市豫剧团乐师陈银成，后又拜省歌舞剧院张宝岭为师。加上勤学苦练，唢呐技艺逐步达到了炉火纯青境界。参加工作后，他先是在焦煤集团王封矿宣传队担任独奏演员，经常为生产一线矿工演出，后在火凤凰艺校任校长，曾在焦煤集团技校任教，经常应邀到省内外演出。他培养出了许多唢呐演奏人才。有10多名唢呐专业学生，考入了各地音乐学院，获学士学位；3人获得硕士学位。其弟子齐艳军，在"庆祝新中国成了六十周年CCTV民乐大赛"上获得银奖；靳永义帮助培训的驻焦某部女子唢呐队，去年在基地会演中荣获一等奖；在我市第五届山水国际旅游节开幕式上，百人唢呐方队演奏强大的阵容、奔放豪迈的表演、激昂嘹亮的乐曲令人难忘！这个百人唢呐演奏的编导与指导就是靳永义。

靳永义的弟弟靳世义，唢呐演奏技艺高超，目前是国际上有一定影响的唢呐、管乐演奏家。他9岁就开始随兄长学习唢呐，1986年考入中央音乐学院器乐系本科，从事唢呐、管乐演奏双主科学习。1990年，考取了管子表演艺术专业研究生。1992年，获硕士学位，成为我国第一位管子演奏硕士。1995年，获"中国民族器乐独奏大赛管子组第二名"；他的论文《管子演奏探微》，获得第二届中国音乐学院论文比赛优秀奖。靳世义多次在北京举办唢呐、演奏独奏音乐会，并为电影《少林寺》、电视剧《西游记》等数十部影视剧配乐，担任唢呐独奏、领奏。1997年，靳世义加入新加坡华乐团，现为声部长、唢呐首席。今年春节，因为要参加新加坡内阁资政李光耀出席的新加坡新年音乐会演出，他无法回国内家中过年。但他专门在大年初一上午，给哥哥家打来电话，告诉哥哥：他们一家人在新加坡很好，祝愿哥哥和大家新春吉祥如意！

在先辈的熏陶影响下，靳永义的儿子靳卫华、靳世义的女儿靳雨嘉，也都十分钟爱音乐。与先辈不同的是，他们主攻的是西洋乐器。靳卫华学习大提琴，靳雨嘉学习钢琴。2006年开始，靳卫华在上海音乐学院攻读专业研究生。其间，前往美国进修一年，大提琴技艺又提高了许多。去年回国后，他凭借娴熟的技艺，成为上海交响乐团一名成员，经常参加国内外演出。靳雨嘉5岁便开始学习钢琴。2003年，9岁的她获得由国家艺理会主办的新加坡全国钢琴比赛初级组第一名。2006年11月，应邀参加新加坡总统出席的大型慈善演出，获得普遍好评。

当得知已经两三年没能回来的靳卫华，春节将带女朋友回来焦作商量婚礼的事时，靳永义一家忙得不亦乐乎。儿子喜欢吃牛肉，靳永义的爱人专门买了许多牛肉煮成酱牛肉。大年三十，老两口看到了未来的儿媳妇，高兴得不得了，做了丰盛的菜肴。大年初一上午，东王封村举办了热闹的新春联欢会，靳永义是联欢会的编导。一家人都前往观看。靳永义的外孙女，还在联欢会上表演笙乐独奏。

综上所述，靳永义一家三代音乐出类拔萃，这在焦作地区屈指可数。然而，起步却是艰难不易的。

1956年10月15日，靳永义在东王封村出生。受父亲靳古孟的熏陶，三代人先后走上了音乐之路。

想起当年练唢呐，怕打扰邻居下到一丈多深的红薯窖里；当年生活困难，任凭节衣缩食，也要尽量买有关书籍……靳永义一家的成功，正应了"功夫不负有心人""有志者事竟成""精诚所至，金石为开"的治世名言。是鸿鹄之志让他们全家走遍天涯，徜徉在音乐的瀚海之中……

后　　记

　　河南省焦作市中站区历史悠久、人杰地灵，自古英贤辈出。与许衡同代、同乡、同僚的靳德茂（煌），是历史银河系中一颗璀璨的明星。我为己出生在诸多历史名人故里而自豪！作为一名老笔杆子，应该多为家乡先贤笔耕——但却充满了紧迫感：毕竟年逾古稀！吾常窃思：半辈子笔耕，让家乡的元代中书左丞（从二品）许衡、明初北平布政使（正二品）张昺，以及国防部命名的"战斗英雄"王忠殿，在我的笔下鲜活了起来——我为之欣慰释怀！这些传记体文学，深为族人、青少年读者喜闻乐读！不辍笔耕中虽满头青丝渐被霜染，但不觉辛劳：是先贤们的高尚品格、伟大壮举与非凡贡献，驱使着我一次次地奉上家乡的张张历史名片——我应该！然而却又十分地歉疚与自责：中站区英贤殿堂内，岂可缺失忠君爱民、济世救人的先贤靳德茂？于是，吾激情难抑、夜不能寐，灵感升腾得我披衣即起……经过两三年的探究与考史、拜访搜集、整理撰文和三易其稿，《元代御医靳德茂》才得以脱稿。其间，虽因半月板磨损、疼痛难忍置换了双膝关节，但稍微能够坐起就打开了笔记本电脑。可以说：这部传记基本上是在病中完成的。今年早春，我给老领导靳思亚主席说："靳家老爷的传记，大体框架已经就绪，但我没把握能否成为出版物。如若上苍恩赐我岁月，我会以飨读者的。"

　　然而世事催人：今春，有关靳家老爷的考察、研讨、专题会议一个接着一个！当中站区文体广新局局长郭凌，拿出有关的计划安排文件时，我简直瞠目结舌！当郭局问及书稿时，我爽快地同意将出书列入此项工作议程！时不我待：连明彻夜、不敢午休地写呀、查啊，两周又完成了20000余字的写作！确切地说：这样忙着我乐意！一个省级作家，能沐浴着和煦的春光笔耕，是我的莫大福分！我如同孩提时过大年般地欣喜，不由自主地想起了儿时常听父母说的"没钱过年也不'年'，有钱天天过大'年'"的话。是啊，我应该趁着中站区天天都过文化年的大好时机，恭谨奉上此书，为文化强区尽一点绵薄之力！我谴责自己：中站区的三大历史名人，不写靳家老爷心里有愧！此种心理虽然庸俗，但却成了鞭挞我笔耕的思想动力。当时就是这么想的，并未感到紧迫。是有关领导深入细致的谋划，催忙了我，我衷心地感谢！

　　在此书出版之际，难忘东王封村族老靳思亚。两年来，为了先祖的这部传记，骑着自行车不知来过家中多少趟：提供资料、联系有关事宜、勘校文稿……他的辛勤，促进了该书的出版。

　　其实，此并非"后记"，只是个家居农村陋舍、退休多年、病体缠身老妪之心声。虽有这份诚意，但不仅水平很是有限，还是个时间的乞丐。因此，书中舛误、欠缺在所难免，只是作为深入研究靳家老爷抛砖引玉罢了。但是，历史和学问容不得马虎，敬请读者不吝赐教。深表感谢！

作　者

2015年5月于开心书屋